Emscher Park Radweg

Landschaft und Industriekultur

im nördlichen Ruhrgebiet

– Zwei Entdeckungsreisen –

Nord- und Südroute

Radwanderkarte mit Streckenbeschreibung

Herausgeber:

Kommunalverband Ruhrgebiet

Bearbeitung:

Abteilung Karten-, Luftbildwesen

und Stadtklimatologie

Ausgabe 1996

RUHR

Impressum

Herausgeber:
Kommunalverband Ruhrgebiet
Kronprinzenstraße 35, 45128 Essen
Postfach 103264, 45032 Essen
Telefon 0201/2069-0, Telefax 0201-2069 500
Telex 8579511, Btx-Nr.:31884

Kartengrundlage:
Stadtplanwerk Ruhrgebiet Maßstab 1: 50000
Regionalkarte Ruhrgebiet
Kartographische Gesamtbearbeitung:
Abt. Karten- u. Luftbildwesen/Stadtklimatologie

Redaktion: Reinhold Budde
Titelfoto: Franklin Berger

© Kommunalverband Ruhrgebiet 1996
1. Auflage 1996
ISBN 3-923 494-94-7

Gute Fahrt auf dem Emscher Park Radweg

Das Fahrrad bietet eine ideale Möglichkeit, die vielen Facetten des Ruhrgebietes auf neue Art kennenzulernen. Auf dem Emscher Park Radweg können Bewohner und Gäste der Emscherregion diese faszinierende Industrie- und Kulturlandschaft hautnah und aus zum Teil ungewohnter Perspektive erleben. Bereits heute sind zahlreiche Teilabschnitte endgültig ausgebaut und die beiden Routen einschließlich Abzweigen komplett mit wegweisender Beschilderung versehen. Mit der jetzt vorliegenden Radwanderkarte ist ein Ausflug auf dem Emscher Park Radweg schon jetzt für jede Radfahrerin und jeden Radfahrer ein abwechslungsreiches Vergnügen.

Weitgehend abseits von Hauptverkehrsstraßen führt der Emscher Park Radweg durch das nördliche Ruhrgebiet auf einer 130 km langen Nordroute und einer 100 km langen Südroute. Er durchquert damit als einer der Hauptwege den gesamten Emscher Landschaftspark. Dieser neue Regionalpark wird als Leitprojekt der Internationalen Bauausstellung Emscher Park seit 1990 geplant und schrittweise realisiert. Zwischen Duisburg und Kamen, zwischen Rhein und Seseke werden Parks, Wälder, bäuerliche Kulturlandschaft, Halden und ehemalige Bergbau- und Industrieflächen zu einem vielfältigen Landschaftsmosaik verbunden. Auf insgesamt 320 Quadratkilometer Fläche werden sieben Regionale Grünzüge von Nord nach Süd zwischen den Städten entwickelt und durch einen neuen Ost-West-Grünzug entlang von Emscher, Seseke und Rhein-Herne-Kanal untereinander verknüpft.

Neben dem bereits seit 1994 markierten Emscher Park Wanderweg und der touristischen Emscher Park Eisenbahn bindet der Emscher Park Radweg die einzelnen Teile des Emscher Landschaftparks zusammen und macht sie im wahrsten Sinne des Wortes erfahrbar. Entdeckungs- und Erlebnistouren mit dem Rad sind mittlerweile für viele - Bewohner wie Gäste der Region - zum Hobby und Freizeitvergnügen geworden. Der Emscher Park Radweg bietet die hervorragende Möglichkeit, die Fahrradtour in der Freizeit oder den Fahrradurlaub vor der eigenen Haustür zu beginnen. So können auch Kenner des Ruhrgebietes immer wieder neue Aspekte von Landschaft, Industriekultur und den vielerorts sichtbaren Zeichen des Strukturwandels entdecken.

Entlang des Emscher Park Radweges können zahlreiche neue Trittsteine des Regionalparks schon heute im Blühen und Wachsen erlebt werden. Der Landschaftspark Duisburg Nord, der ökologische Gehölzgarten Haus Ripshorst in Oberhausen, der Gesundheitspark Quellenbusch in Bottrop, der Landschaftspark Bladenhorst mit dem Kunstwald Teutoburgia in Herne und Castrop-Rauxel, der Schleusenpark Waltrop oder die Landesgartenschau 1996 in Lünen sind nur die ersten fertiggestellten Beispiele für die vielen neuen Oasen der Erholung, die der Emscher Park Radweg erschließt.

Die Zeugen des Industriezeitalters wie das Hüttenwerk im Landschaftspark Duisburg Nord, die Zeche Zollverein XII in Essen, der zum Ausstellungsort umgebaute Gasometer in Oberhausen oder das historische Schiffshebewerk Henrichenburg im Schleusenpark Waltrop sind dabei besondere Landmarken und faszinierende Aussichtspunkte am Wege.

Mit dem Ausbau dieser Routen verbindet sich auch die Erwartung, daß Gastronomie und Hotellerie mit ihren Angeboten in noch stärkerem Maße dem Trend zum Fahrrad folgen werden. Damit kann die Bedeutung des besonders sozial- umwelt- und kulturverträglichen Fahrradtourismus auch für die Emscherregion noch wesentlich gesteigert werden. Erfolge gemeinsamer Anstrengungen am Niederrhein oder im Münsterland sollten dazu ein Ansporn sein.

Der Emscher Park Radweg wurde vom Kommunalverband Ruhrgebiet mit Förderung des Landes Nordrhein-Westfalen und in enger Zusammenarbeit mit der Internationalen Bauausstellung Emscher Park und dem Allgemeinen Deutschen Fahrrad-Club (ADFC) entwickelt. Als verbindende Klammer des Emscher Landschaftsparks wird er in den kommenden Jahren durch stetige Verbesserungen, Neu- und Ausbauabschnitte noch weiter an Attraktivität gewinnen.

Allen, die auf dem Emscher Park Radweg das Ruhrgebiet neu entdecken, wünschen wir gute Fahrt und schöne Erlebnisse unterwegs.

Ulrike Dörscheln
Landessprecherin des Allgemeinen
Deutschen Fahrrrad-Clubs NW e.V.

Prof. Dr. Karl Ganser
Geschäftsführender Direktor
der Internationalen
Bauausstellung Emscher Park

Dr. Gerd Willamowski
Verbandsdirektor
des Kommunalverbandes
Ruhrgebiet

Emscher Park Radweg

Daten und Fakten

Länge
Hauptroute Nord - 130 km von Duisburg-Ruhrort nach Hamm-Heessen
Hauptroute Süd - 100 km von Duisburg nach Kamen
Abzweige und Verbindungswege - ca. 50 km

Offizielle Eröffnung
02. Oktober 1994

Das Projekt

Der Emscher Park Radweg entsteht in Kooperation von IBA Emscher Park, Kommunalverband Ruhrgebiet (KVR) und Allgemeinem Deutschen Fahrrad-Club (ADFC). Er ist die Klammer des Emscher Landschaftsparks, des Leitprojektes Nr. 1 der Internationalen Bauausstellung Emscher Park und verbindet alle Regionalen Grünzüge miteinander. Der Emscher Park Radweg lädt die Bewohner des Ruhrgebietes, besonders aber auch Gäste und Besucher der Region ein, die vielfältigen Reize dieser Industrie-Kultur-Landschaft auf einem zusammenhängenden, markierten Wegesystem zu erfahren. Darüber hinaus bestehen Anschlüsse an Haltestellen des öffentlichen Nahverkehrs und an andere lokale und regionale Radwege, so daß auch individuelle Abstecher und Touren möglich sind. Nach seiner endgültigen Fertigstellung wird der neue Radweg das herausragende radtouristische Angebot des nördlichen Ruhrgebiets sein.

Verlauf und Streckencharakteristik
Der Emscher Park Radweg führt auf einer Nordroute vom Rhein in Duisburg-Ruhrort bis nach Hamm-Heessen zum Öko-Zentrum NRW und auf einer Südroute von Duisburg nach Kamen. Der Weg ist Teil eines „Leitersystems": Die ca. 130 km lange Nordroute, zu einem großen Teil an den Ufern des Rhein-Herne-Kanals und des Datteln-Hamm-Kanals und die ca. 100 km lange Südroute durch den Norden der Ruhrgebiets-Großstädte sind in regelmäßigen Abständen miteinander verbunden. Steigungen sind auf der Nordroute praktisch überhaupt nicht und auf der Südroute nur auf kürzeren Abschnitten zu überwinden.

Wer sich zu einer Spritztour oder einem längeren Radtrip aufmacht, erlebt eine attraktive und abwechslungsreiche Mischung aus naturnaher Landschaft und Industrie-Kultur-Landschaft. Es geht vorbei an Fördertürmen, malerischen Wasserburgen, an wiederbelebten Bächen, restaurierten Werkssiedlungen und spannenden Freizeitangeboten. Mehr als die Hälfte der rund achtzig Projekte der Internationalen Bauausstellung Emscher Park liegen unmittelbar am Emscher Park Radweg oder werden mit beschilderten Abzweig-Routen erschlossen.

Wege-Design
Attraktiv ist der neue Emscher Park Radweg auch durch den Fahrkomfort. Wo neue Abschnitte gebaut werden, sind diese in der Regel 3,50 Meter breit - Platz genug für Fußgänger, Wanderer, „Sonntagsradler" und passionierte Radfahrer. Der Fahrbelag dieser Neubauabschnitte besteht aus einer wassergebundenen Decke mit einem dachförmigen Querprofil, damit Regenwasser seitlich abfließen kann. In freier Landschaft werden an beiden Seiten des Radweges in den nächsten Jahren Baumalleen gepflanzt.

Beschilderung
250 Pfeilwegweiser an 84 Standorten führen den Radfahrer auf dem Emscher Park Radweg zum gewünschten Ziel. Bei Richtungsänderungen oder auf längeren Geradeausabschnitten bieten insgesamt 2078 Zwischenwegweiser zusätzliche Orientierungshilfe. Das Beschilderungssystem wurde aus dem beim „Rundkurs im Ruhrgebiet" - einer weiteren radtouristischen Route des KVR - bewährten System weiterentwickelt.

Baustellen
Zum größten Teil benutzt der Emscher Park Radweg vorhandene Wege. Um die Lücken zu schließen, werden insgesamt rund 50 km Radwege vom KVR neu- bzw. ausgebaut. Der „erste Spatenstich" für den Neubau eines Radwegeteilstücks wurde am 13. September 1994 an der Stadtgrenze von Duisburg und Oberhausen gesetzt. Bis 1999 sollen alle Neubaumaßnahmen abgeschlossen sein. Ein großer Teil dieser Maßnahmen wird im Rahmen von Arbeitsbeschaffungs- und Qualifizierungsmaßnahmen für Langzeit-Arbeitslose durchgeführt.

Zum Gebrauch dieser Radwanderkarte

- Die Kartenblätter dieser Radwanderkarte können aufgeschlagen beliebig - je nach Fahrtrichtung - in einen im Handel erhältlichen Kartenhalter für den Fahrradlenker gelegt werden.

- Die Kartenblätter 1 bis 8 zeigen die Nordroute, die Blätter 9 bis 15 die Südroute des Emscher Park Radweges jeweils von Westen nach Osten. Die jeweils beschriebene Route ist mit einer durchgehenden roten Linie, die nicht beschriebene Route mit einer gestrichelten roten Linie gekennzeichnet.

- Die Kartenblätter enthalten u.a. Informationen über Sehenswürdigkeiten, insbesondere Projekte der Internationalen Bauausstellung Emscher Park, Freizeitmöglichkeiten sowie Hinweise auf Gastronomie, Hotels, Jugendherbergen, Bahnhöfe, Fahrradverleih und Fahrradservice.

- Für Radwanderer, die den Emscher Park Radweg im Umweltverbund mit öffentlichen Verkehrsmitteln erreichen wollen, ist ein Übersichtsplan des Schnellverkehrs-Streckennetzes des Verkehrsverbundes Rhein-Ruhr (VRR) beigefügt. Zwischen den meisten Bahnhöfen im Umfeld und dem Emscher Park Radweg ist in den Kartenblättern ein Verbindungsweg verzeichnet, z.T. auch in der Örtlichkeit beschildert. Weitere Informationen zur Fahrradmitnahme in Bus und Bahn s. Seiten 79-83.

- Der Emscher Park Radweg ist vollständig in beiden Richtungen beschildert. Radwanderkarte und Beschilderung ergänzen einander und machen die Tour zu einem doppelten Erlebnis.

Die beiden Hauptrouten sind mit den Schildern

 und

jeweils mit Richtungspfeil ausgeschildert. An wichtigen Abzweigen sind Pfeilwegweiser angebracht, auf denen Zwischenziele mit Entfernungsangabe aufgeführt sind. Die Hauptroute ist hier mit Zusatzschildern in schwarzer Schrift gekennzeichnet.

- Abzweige zu IBA-Projekten, anderen wichtigen Sehenswürdigkeiten und Bahnhöfen sind an den Pfeilwegweisern durch das Zusatzschild „Emscher Park Radweg - Abzweig" in grüner Schrift zu erkennen. Soweit diese Abzweige beschildert sind, erscheint das Ziel im Verlauf der Abzweigroute auf den Zwischenwegweiserschildern, z.B. zur Jahrhunderthalle:

Die Gegenrichtung ist auf diesen Routen mit dem Schild

   oder

beschildert.

- Bei der Erarbeitung der Routen des Emscher Park Radweges wurde eine möglichst langfristig zu befahrende Wegeführung gewählt. Falls aufgrund von Baumaßnahmen ein Teilstück vorübergehend gesperrt ist, zeigen die Kartenausschnitte Möglichkeiten, um Hindernisse zu umfahren.

- Für auswärtige Besucher ist ein Verzeichnis der im Umfeld des Emscher Park Radweges liegenden Hotels und Jugendherbergen beigefügt (S.88-102). Weitergehende touristische Informationen sind bei den Ämtern für Öffentlichkeitsarbeit oder den Verkehrsvereinen der 18 Städte am Emscher Park Radweg erhältlich (Verzeichnis S.84-86).

Hinweise, Anregungen und Verbesserungsvorschläge zum Emscher Park Radweg nimmt der Allgemeine Deutsche Fahrrad-Club NRW, Birkenstr. 48, 40233 Düsseldorf, Tel. (0211) 675248, das Regionalbüro, Beratungsstelle Fahrradtourismus, Dortmunder Straße 24, 44536 Lünen, Telefon (02306) 25631 und der Kommunalverband Ruhrgebiet, Kronprinzenstr. 35, 45128 Essen, Tel. (0201) 2069652 gern entgegen.

Tips für die Radtour

Drei Grundregeln für das Gelingen einer Radtour:
- Werden Sie sich klar über die natürlichen Grenzen: eigene Körperkraft, Zeitbedarf für Fahrt und Besichtigungen usw., sowie über die denkbaren Beeinträchtigungen durch Wetter und technische Pannen.

- Planen Sie sorgfältig und rechnen Sie mit Überraschungen.

- Organisieren Sie Problemsituationen vor der Abfahrt, dann bringt Sie nichts aus der Ruhe.

Gesellschaftsfahrten
Bei der Familien-Radtour (also mit Personen ungleichen Alters und entsprechend unterschiedlichen Erwartungen) ist Toleranz das wichtigste: der Schwächste bestimmt das Tempo. Es sollten deshalb nicht Landschaft als solche oder die Besichtigungen bei der Fahrt im Vordergrund stehen, sondern das Gemeinsamkeits-Erlebnis. Radtouren in Gruppen von Personen mit ungefähr gleicher Leistungsfähigkeit sind relativ unproblematisch, sofern man sich vorher über die grundsätzliche Planung geeinigt hat. Das Radfahren macht Kontakte miteinander unterwegs möglich, ohne sie zu erzwingen.

Radtour mit Kindern
Radtouren machen Kindern viel Spaß, wenn man auf die speziellen Bedürfnisse achtet. Wenn Sie Ihre Kinder auf Kindersitzen mitnehmen, schützen Sie sie besonders vor Auskühlung durch den Fahrtwind (dafür gibt es Windschilde oder einfach die Sitzposition auf dem hinteren Gepäckträger), denn den Kindern fehlt die Eigenproduktion an Bewegungswärme. Kinder sind auf dem Rad „zur Untätigkeit verdammt", sie schlafen ab und zu einmal ein und freuen sich auf die Pausen, in denen sie sich bewegen wollen. Planen Sie deshalb häufigere und längere Pausen ein. Wenn Ihr Kind schon mehrfach auf Tagestouren auf seinem eigenen Rad mitgefahren ist, kann es auch mit auf die Urlaubstour: schon 10jährige können durchaus 20 bis 30 km pro Tag schaffen. Daß besonders bei Kinderrädern auf die Verkehrssicherheit geachtet werden sollte, versteht sich von selbst.

Fahrradinspektion
Überprüfen Sie selbst oder geben Sie Ihr Fahrrad vor Reisebeginn zur Inspektion. Spendieren Sie Ihrem Rad neue Schläuche und neue Reifen vor dem Start, auch wenn die alten eigentlich noch gut aussehen. Nehmen sie stets einen Ersatzschlauch mit, wechseln Sie den im Notfall ein und „Flicken" beim nächsten Etappenziel.

Tagesplanung
Die erste und wichtigste Überlegung ist, sich nicht zu überfordern. Das gilt besonders an den ersten Tagen der Tour. Vergessen Sie nicht, daß Sie auch am nächsten Tag im Sattel sein wollen und also einen Muskelkater schlecht gebrauchen können. Fahren Sie deshalb am ersten Tag nicht weiter, als Sie es auch sonst auf einem Tagesausflug machen.

Erwägen Sie auch bei einer Streckentour, gelegentlich einen Tag an einem Ort zu bleiben, etwa wenn Sie ein besonders angenehmes Quartier haben, um dann unbelastet von Gepäck und Zimmersuche einen Tagesausflug zu unternehmen.

Radtour mit Gepäck
Unerfahrene halten den Gepäcktransport zunächst für ein Problem.

Oberstes Gebot: "Nichts Überflüssiges mitnehmen".
Deshalb sollten Sie sich beim Packen bzw. bei der Planung nicht fragen: „Möchte ich dieses oder jenes gern mitnehmen?" sondern umgekehrt: "Wenn ich dieses oder jenes nicht mitnehme, wird es mir ernsthaft fehlen?"

Der Grund für diese „Sparsamkeit": das beladene Fahrrad ist nicht nur schwerer, also unbequemer und ermüdender zu fahren, sondern auch schwieriger zu lenken, zu bremsen usw.

Wenn Sie gemeinsam mit anderen fahren, ist eine genaue Absprache zweckmäßig, damit nur einer die Dinge einpackt, die notfalls von mehreren gemeinsam benutzt werden können. Es ist nicht nur eine Frage des Gewichtes: je mehr Sie mitnehmen, desto lästiger kann das allmorgendliche Einpacken in die verschiedenen Taschen werden. Umsichtiges Auswählen des Gepäcks lohnt sich bei einer Reise mit dem Fahrrad ganz besonders. Keinesfalls sollten Sie auf ein Mini-Verbandskästchen verzichten.

(Aus ADFC-Info Nr. 15: Tips für die Radtour)

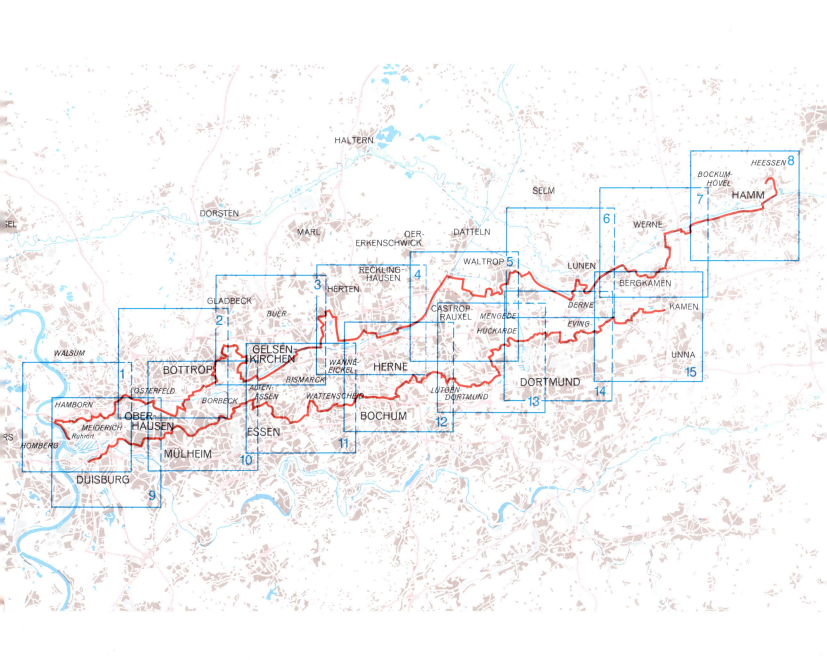

Kartenübersicht

Emscher Park Radweg - Nordroute

Kartenblatt 1

Startpunkt der Nordroute des Emscher Park Radweges ist der Bahnhof Duisburg-Ruhrort, der von Oberhausen Hauptbahnhof per Bahn oder von der Duisburger Innenstadt bzw. dem Hauptbahnhof direkt mit dem Rad oder der Straßenbahnlinie 901 gut zu erreichen ist.

Der Bahnhof befindet sich im Norden des Hafenstadtteils Ruhrort, der als wichtigster Teil des weltgrößten Binnenhafens überregionale Bekanntheit besitzt. Der 1716 angelegte Hafen in Ruhrort wurde im Laufe seiner Entwicklung insbesondere durch die Unterstützung der Preußischen Regierung zur wichtigsten Umschlagstelle für die im östlichen Ruhrgebiet gewonnene Kohle, die zunächst mit Ruhraaken stromab befördert und dann auf größere Rheinschiffe verfrachtet wurde. Das starke Wachstum des Hafens zu einem Umschlagplatz heutiger Größe und Bedeutung setzte aber erst 150 Jahre später ein. Die Revolutionierung von Kohleabbau, Stahlerzeugung und Verkehrswesen ließen bis 1910 das Ruhrorter Hafensystem heutigen räumlichen Umfangs entstehen.

Hafen Ruhrort mit Museumsschiff „Oscar Huber"

Umfassende Einblicke in Geschichte und Gegenwart von Hafen und Schiffahrt bietet das Museum der Deutschen Binnenschiffahrt im ehemaligen Ruhrorter Rathaus (Dammstraße 11. Ö: di-so 10-17 Uhr).

Kartenblatt 1

Auch außerhalb des Museumsgeländes haben Zeugen der Vergangenheit ihren Platz gefunden: Im Ruhrorter Hafenmund ankert neben einem Eimerkettenbagger die „Oscar Huber" als zu besichtigendes Museumsschiff. Dieser 1922 erbaute Radschlepper wurde als letzter seiner Gattung auf dem Rhein 1966 außer Dienst gestellt. Auf dem Vorplatz der Schifferbörse steht ein Dampfkran aus dem Jahre 1897. Der frühere Leinpfad, der am Museum vorbeiführt, wurde als „Binnenschiffahrts-Lehrpfad" ausgebaut.

Vielfältige Informationen zum heutigen Betrieb des Duisburg-Ruhrorter Hafensystems vermittelt eine Hafenrundfahrt - täglich von April bis Oktober Abfahrten 12.15 Uhr und 14.15 Uhr von der Schifferbörse. Der historische Ortskern Ruhrorts mit dem Flair einer kleinen Hafenstadt, in den letzten Jahren durch Wohnumfeldverbesserung und Denkmalpflege erheblich aufgewertet, verdient allemal einen Besuch. Im Rahmen der IBA werden die begonnenen Maßnahmen als Modell einer integrierten Stadtteilentwicklung systematisch fortgesetzt.

Zurück zum Bahnhof Ruhrort, dessen Umfeld sich in den nächsten Jahren vollkommen wandeln wird. Gleich gegenüber befindet sich der Eisenbahnhafen mit direktem Zugang zum Rhein. Sein Bau geht zurück auf die „Homberg-Ruhrorter-Rheintraject-Anstalt" von 1854. Vor dem Bau fester Rheinbrücken wurden hier Güterwagen mit Hebetürmen auf Dampfboote verladen, um auf diesen übergesetzt zu werden. Während der Ruhrorter Hebeturm leider 1972 abgerissen wurde, ist sein Zwilling auf der linken (Homberger) Rheinseite noch vorhanden. Ein großes Modell der Ruhrorter Anlage befindet sich im Museum der Deutschen Binnenschiffahrt. Der Eisenbahnhafen soll in den nächsten Jahren als Museumshafen für die „Oscar Huber" und weitere Museumsschiffe umgestaltet werden. Das Museum wird dann in das historische Ruhrorter Hallenbad (erbaut 1910) umziehen, das z.Zt. im Rahmen der IBA hierfür umgebaut wird.

Wir gelangen zum Hallenbad, wenn wir vom Bahnhof aus nach rechts in die Friedrich-Ebert-Straße und gleich hinter der Linkskurve geradeaus in die Deichstraße abbiegen. Nur wenige Meter weiter ist bereits der Rheindeich errreicht, auf dem wir bis kurz vor Beekerwerth stromabwärts radeln. Hier bietet sich ein weiter Blick auf die niederrheinische Landschaft. Wir verlassen den Deich und fahren durch einen Grünzug bis in den Ortsteil Beek, der auf ruhigen Nebenstraßen durchquert wird. Hinter einem kleinen Waldstück und nach Querung der Honigstraße befinden wir uns bereits in einem weiteren IBA-Projekt der Stadt Duisburg.

Der Landschaftspark Duisburg Nord, den wir in ganzer Länge durchqueren, entsteht auf einer 200 ha großen Industriebrache als Landschaftspark völlig neuen Typs. Naturkundliche und industriegeschichtliche Lehrpfade, ein Kulturzentrum in der Gebläsehalle, Kletterwände in alten Erzbunkern sind nur einige der Angebote, die hier zum Verweilen einladen. Landschaftsgärtnerisch gestaltete Bereiche wechseln ab mit Flächen, auf denen sich Vegetation natürlich entwickeln soll. Hier entsteht ein grüner Baustein des Großprojekts Emscher Landschaftspark. Bis zum Jahr 2000 soll die Gesamtparkfläche der Öffentlichkeit zugänglich sein.

Kartenblatt 1

Kernstück und industriekultureller Höhepunkt ist das stillgelegte Hüttenwerk Meiderich mit drei Hochöfen, von denen einer sogar bestiegen werden darf (209 Stufen). Von 1902 bis 1985 war dieses Hüttenwerk in Betrieb, heute sind die Besucher eingeladen, sich auf die Suche nach den Spuren einer wechselvollen Werksgeschichte zu machen. Den Weg erleichtern zahlreiche Informationstafeln mit Bildern und Texten. Beginnen sollte man den „Zugang zum Eisen" im ehemaligen „Magazin". Dort schildert eine Dauerausstellung (Ö: di-so 10 -18 Uhr) Leben und Arbeit im Hüttenwerk und seinem sozialen Umfeld. Natürlich kommen auch besonders die Kinder zu Ihrem Vergnügen: Große Freiflächen, ein als Klettergerüst umgebautes Maschinenhaus, eine Rutsche in den riesigen Vorratsbunkern oder ein Lehr- und Lernbauernhof lassen jedes Kinderherz höher schlagen.

Ehemaliges Hüttenwerk Meiderich

Kartenblatt 1

Unmittelbar vor dem „Magazin" des Hüttenwerkes queren wir eine ehemalige Bahnlinie, die in den nächsten Jahren als neue Trasse des Emscher Park Radweges ausgebaut wird. Bis es soweit ist, geht die Route z.T. noch durch verschiedene Grünanlagen des Duisburger Stadtteils Neumühl.

„Grüner Pfad" ist der Name dieser neuen Wegeverbindung, welche die Flußlandschaft des Rheins quer durch den Norden Duisburgs mit dem Waldgebiet Grafenbusch in Oberhausen verbinden wird. Um Güter vom und zum Ruhrorter Hafen zu bringen, baute die Köln-Mindener Eisenbahngesellschaft im Jahre 1875 diese 10 km lange Strecke. 1991 wurde das letzte Teilstück stillgelegt. Die Planer des Emscher Landschaftsparks haben sich zum Ziel gesetzt, Freiräume zu verbinden, das Erholungs- und Freizeitangebot für Radfahrer und Fußgänger zu verbessern und die innerstädtischen Grünflächen für die wohnungsnahe Erholung zu erschließen. Der „Grüne Pfad" macht diese Idee konkret - er ist ein wichtiger Baustein des Wegenetzes im Emscher Landschaftspark.

Radweg „Grüner Pfad"

Entlang der „Kleinen Emscher", nunmehr schon auf Oberhausener Stadtgebiet, erreichen wir gleich hinter dem Stadion Niederrhein das Ufer des Rhein-Herne-Kanals, dem die Nordroute des Emscher Park Radweges noch auf weiteren längeren Streckenabschnitten folgen wird. Wir überqueren den Kanal auf der Straßenbrücke der Konrad-Adenauer-Allee.

Kartenblatt 2

Rechterhand befindet sich das Schloß Oberhausen, ein schlichter klassizistischer Bau (1802-18), in dem sich die Städtische Galerie sowie das Ludwig-Institut, eine der bedeutendsten Sammlungen moderner Kunst der ehemaligen DDR befinden (Ö: di-so 10-18 Uhr). Ein kurzer Abzweig des Emscher Park Radweges führt durch eine Siedlung bemerkenswerter Villen zur Ausstellungshalle Gasometer. Mit 117 m Höhe, 68 m Durchmesser und einem Fassungsvermögen von 350.000 cbm ist dieser größte Gasometer Europas inzwischen ein Symbol für den Strukturwandel und Wahrzeichen der Stadt Oberhausen.

Gasometer Oberhausen

Der Gasbehälter wurde 1928/29 auf dem Gelände der Gutehoffnungshütte (GHH), einem der größten Montanunternehmen der damaligen Zeit, errrichtet. Mit dem hier zwischengelagerten Kokereigas wurden die Hochöfen der umliegenden Werke geheizt.

Kartenblatt 2

Im Innern befindet sich eine bewegliche Scheibe, die auf dem Gas schwamm und es abdichtete. Heute ruht diese Scheibe auf ca. 4 m Höhe. Unter ihr ein beengend düsterer Raum, oberhalb die „unendliche" Höhe von über 100 m, die den Blick nach oben zieht - ein Raumerlebnis besonderer Art. Ein Panoramaaufzug im Innern führt zum Dach und eröffnet einen faszinierenden Blick auf die Industrielandschaft ringsum. Der Gasbehälter wurde im Rahmen der IBA 1994 für die historische Ruhrgebiets-Ausstellung „Feuer und Flamme" umgebaut. Weitere Ausstellungen sind in den nächsten Jahren hier vorgesehen.

Wieder zurück auf der Hauptroute, erreichen wir an der Kreuzung Konrad-Adenauer-Allee/Essener Straße die „Allee der Industriekultur". Die Architektur ist das Markenzeichen der Essener Straße, wo sich nach der Jahrhundertwende die Oberhausener Großindustrie mit klassisch schönen Verwaltungsbauten ein Denkmal setzte. Im Rahmen der IBA entstanden moderne Ergänzungsbauten mit zukunftsweisenden Nutzungen. Eines der bedeutendsten Teilprojekte an der Allee der Industriekultur ist der Umbau des ehemaligen Werksgasthauses und ein Neubau zum Technologiezentrum Umweltschutz. Weitere bedeutende Denkmäler sind die GHH-Verwaltung und das alte Hauptlager, ein 1920 nach Plänen von Peter Behrens errichteter Baukomplex. Nördlich anschließend erstreckt sich das riesige Areal des CentrO. Auf einer 100 Hektar großen Industriebrache entsteht hier ein Einkaufs- und Freizeitzentrum der Superlative mit Großsporthalle, ergänzt durch Gewerbe- und Wohnbauten.

Weiter geht es auf der Essener Straße und an der Stadtgrenze Oberhausen/Essen nach links in die Straße Schemmansfeld. Nach rechts führt ein beschilderter Verbindungsweg zur Südroute des Emscher Park Radweges ins Hexbachtal (s. Kartenblatt 10).

Kurz zuvor kann man beiderseits der Essener Straße die Bach-Renaturierung des Läppkes Mühlenbach besichtigen, welche eine erste Maßnahme im Zusammenhang mit dem Jahrhundertprojekt des Umbaus des Emscher-Systems darstellt. Am Verbindungsweg südlich der Essener Straße ist für Anschauungsszwecke ein Stück der alten Solschale erhalten. Es demonstriert eindrucksvoll in unmittelbarer Nachbarschaft zum renaturierten Bach die durch die Umgestaltung gewonnene ökologische und ästhetische Qualität.

Die Nordroute führt nach Überquerung der Köln-Mindener-Eisenbahnstrecke in einen Teil des Emscher Landschaftsparks, der als „Ökologischer Gehölzgarten - Haus Ripshorst" am Ufer des Rhein-Herne-Kanals eine attraktive Landschaftsgestaltung mit vielfältigen Baumarten zeigt. Eine neuartig gestaltete Rad- und Fußgängerbrücke über den Kanal nach dem Entwurf des Brückenbauers Professor Schlaich nimmt ab 1996 den Emscher Park Radweg auf. Bis dahin wird die Route über die Einbleckstraße geführt. Nach Querung des Kanals und Unterquerung der Autobahn A 42 (Emscherschnellweg) erreichen wir die Burg Vondern.

Kartenblatt 2

Burg Vondern

Sie wurde als Wasserburg zu Beginn des 16. Jahrh. gebaut. Zwei mächtige Rundtürme mit schiefergedeckten Kegeldächern flankieren den Torbau. Weiter der Arminstraße nach Osten folgend und nach Unterquerung der ausgedehnten Bahnanlagen des Rangierbahnhofs Osterfeld erreichen wir Bottroper Stadtgebiet.

Ein Abzweig führt, vorbei am Revierpark Vonderort mit Freizeit-Solebad (Ö: täglich 8-22 Uhr, so bis 21 Uhr) und am Gesundheitspark Quellenbusch zum Bottroper Kulturzentrum Quadrat (Ö: di-so 10-18 Uhr).

Dieses beherbergt mehrere Museen, darunter das Museum für Ur- und Ortsgeschichte mit zahlreichen eiszeitlichen Funden (u.a. Mammutskelette, Fossilien). Weiterer Schwerpunkt ist das Museum Josef Albers, das zahlreiche Werke des in Bottrop geborenen Bauhauskünstlers enthält. Kurz darauf erreichen wir das IBA-Projekt Stadtteil Prosper III. Auf einer 26 Hektar großen Zechenbrache der 1986 geschlossenen und abgerissenen Zeche nahe der Bottroper Innenstadt entsteht hier eine neuer Stadtteil mit Gewerbe-/Gründerzentrum, Wohnungen, Park und weiteren Einrichtungen. Der Weg kann auf einer ehemaligen Zechenbahntrasse fortgesetzt werden und erreicht am „Haldenereignis Emscherblick" wieder die Hauptroute Nord.

Kartenblatt 2

Bleibt man auf dieser vom Abzweig aus, so führt der Weg vorbei am Bottroper Hauptbahnhof und der Zeche Prosper II, die als Hauptförderschacht des Verbundbergwerks Prosper/Haniel eine der leistungsfähigsten Zechen des Ruhrbergbaus ist. Architekturgeschichtlich bemerkenswert ist der unmittelbar am Emscher Park Radweg auf dem Zechengelände stehende Malakoffturm mit eingezogenem Strebengerüst - der letzte seiner Art im Ruhrgebiet. Die Halde Beckstraße trägt den IBA-Projekttitel „Haldenereignis Emscherblick": Von Ihrem Plateau in 65 Höhe erschließt sich ein einmaliger Blick auf die Stadtlandschaft der Emscherregion. Im Rahmen einer künstlerischen Gestaltung wurde hier ein 50 m hoher Stahl-Tetraeder errichtet, der mit Aussichtsplattformen ausgestattet ist.

Haldenereignis Emscherblick

Unweit nördlich der Halde Beckstraße durchfahren wir ein weiteres IBA-Projekt, das Gründerzentrum Arenberg. Kern des Geländes der ehemaligen Zeche, die nur von 1910 bis 1930 förderte, ist eine wunderschöne Jugendstil-Lohnhalle und Waschkaue. Technologieorientierte Jungunternehmen werden hier künftig ihre Startchancen bekommen.

Kartenblatt 4

Wir verlassen nun für einen längeren Wegeabschnitt das Kanalufer und fahren größtenteils auf Waldwegen nach Norden in das Gebiet des Emscherbruchs.

Dies ist ein größeres Waldgebiet im Grenzraum der Städte Gelsenkirchen, Herne und Herten, das in Teilen noch den Charakter der ursprünglichen Bruchlandschaft hat, wie er früher für die gesamte Emscheregion typisch war. Die Emscher und ihre Nebenarme wechselten vor ihrer Eindeichung zu Beginn dieses Jahrhunderts ihren Flußlauf aufgrund des flachen Geländes relativ oft. Auch durch Überschwemmungen entstand eine Sumpfandschaft, die weitgehend von Besiedlung frei blieb. Soweit hier heute in Teilen ein ähnlicher Landschaftscharakter anzutreffen ist, entstand er allerdings künstlich aufgrund der Bergsenkungen durch untertätigen Kohleabbau.

Ein Denkmal vorindustriellen Straßen- und Brückenbaus stellt gleich zu Beginn der Strecke durch den Emscherbruch die Fleuthebrücke dar. Diese kleine, aus Ruhrsandstein errichtete Stichbogenbrücke von 1853 führte über einen ehemaligen Seitenarm der Emscher. Sie wurde im Rahmen der Ausgestaltung des Emscher Landschaftsparks vor kurzem grundlegend restauriert und in die Wegeführung des Emscher Park Radweges einbezogen.

Nördlich der Autobahn A 2 erreichen wir den Schloßwald Herten, der eine natürliche Fortsetzung des naturnahen Emscherbruchs darstellt. Ein kurzer Abstecher führt uns von hier zu Schloß und Schloßpark Herten.

Schloß Herten

Kartenblatt 4

Das Wasserschloß Herten liegt stilgeschichtlich im Übergang von der Spätgotik zur Renaissance, das heutige Erscheinungsbild entspricht dem Zustand des Schlosses von 1702. Seit 1974 sind Schloß und Schloßpark öffentlich zugänglich und stellen weithin bekannte und beliebte Ausflugsziele dar.

Während der Barockeinfluß beim Wiederaufbau des Schlosses gering war, wurde Ende des 17. Jahrh. der Schloßpark als Barockgarten angelegt. Aus dieser Zeit stammen noch die Orangerie (Ruine) und das Tabakhaus (heute Naturschutz-Information). Die Umgestaltung dieser Barock-Anlage zu einem englischen Landschaftsgarten durch den renomierten Landschaftsarchitekten Maximilian Weyhe fiel in die Zeit zwischen 1814 und 1817. Der Landschaftsgarten nimmt in idealisierter Form die Natürlichkeit der Landschaft auf und versucht sie noch zu steigern. Deshalb wurde auch der umliegende Landschaftsraum einbezogen, wie z.B. an den „Wiesentaschen" im Schloßwald zu erkennen ist. Aus der Zeit des Landschaftsgartens ist ein umfangreicher alter Baumbestand unterschiedlichster Arten erhalten, darunter viele Exoten.

Nach diesem Abstecher fahren wir nun wieder nach Süden dem Rhein-Herne-Kanal entgegen. Unmittelbar südlich der Autobahn wird auf der linken Seite die Zeche Ewald sichtbar.

Nach ihrem Gründer, dem Essener Fabrikbesitzer Ewald Hilger, wurden Zeche und der erste, 1872 abgeteufte Schacht benannt, dessen von der Straße aus gut sichtbarer Malakoffturm - leider mit einem entstellenden Lüfteraufbau versehen - heute noch der Bewetterung dient. Das markante Bock-Fördergerüst stammt aus dem Jahre 1952 und dient heute der Hauptförderung des Verbundbergwerks Ewald/Schlägel und Eisen.

Südlich der Zeche wird jenseits der autobahnmäßig ausgebauten Ewaldstraße, an der der Emscher Park Radweg bis zum Ausbau eines neuen Weges geführt wird, die Halde Hoppenbruch sichtbar. Sie bildet zusammen mit der weiter östlich liegenden Halde Hoheward den größten Haldenkomplex des Ruhrgebiets. Während die Halde Hoppenbruch, von deren Gipfelpunkt man einen hervorragenden Überblick über den mittleren und nördlichen Grünzug D erhält, schon rekultiviert ist und als Erholungslandschaft der Öffentlichkeit zur Verfügung steht, wird ein Großteil des künftigen „Landschaftsbauwerks" Hoheward noch geschüttet.

Wir verlassen die Ewaldstraße in Höhe des Waldfriedhofs und biegen nach links in die Straße „Im Emscherbruch" ein. Nur wenige hundert Meter südlich, am Rhein-Herne-Kanal befindet sich das Dorf Crange - heute ein Stadtteil von Herne. Hier, auf einem großen Platz, findet alljährlich Anfang August die Cranger Kirmes statt, das größte Volksfest des Ruhrgebiets.

Die Straße „Im Emscherbruch" wird als Modellprojekt des KVR im Rahmen der IBA zu einer Industrieallee umgestaltet. Hierzu entstehen eine Lindenallee sowie ein mit Wildkirschen begleiteter längerer Neubauabschnitt des Emscher Park Radweges. Diese Planungen sind erste Schritte, den gesamten Bereich Herten Süd zu einem attraktiven, durchgrünten Gewerbepark zu entwickeln.

Kartenblatt 4

In diesem Zusammenhang soll auch das nördlich der Straße gelegene RZR Herten nach dem Ergebnis eines Wettbewerbs städtebaulich anspruchsvoll ergänzt werden. Außerdem wird in den nächsten Jahren im südlich angrenzenden Bereich der heutigen Kohlenhalden eine weitere dezentrale Kläranlage der Emschergenossenschaft landschaftsgerecht in den neuen Industrie- und Gewerbepark Herten Süd eingebunden.

Nach Querung der Cranger Straße und einer Zechenbahn haben wir, an mehreren Kohlenhalden vorbeifahrend, den Recklinghäuser Ortsteil Hochlarmark erreicht.

Die ruhrgebietstypische Verknüpfung von Bergbau- und Ortsteilgeschichte wird in Hochlarmark besonders ausgeprägt spürbar, wenn man die zwischen 1882 und 1907 erbaute Dreiecksiedlung durchfährt. Die Geschichte der Zeche Recklinghausen II ist eng mit der Zeche Recklinghausen I an der Hochlarmarkstraße verbunden, wo der Bergbau dieser Ruhrgebietsstadt 1869 begann. Von den Tagesanlagen dieser Zeche ist das denkmalgeschützte Kauengebäude erhalten geblieben. Es liegt unmittelbar hinter dem Bahnübergang am Emscher Park Radweg.

Vom Kreisverkehrsplatz aus ca. 500 m nördlich an der Karlstraße liegt die Zeche Recklinghausen II. Hier begann der Bergbau 1882. Nach einer wechselvollen Geschichte wurde diese Zeche 1988 endgültig stillgelegt und weitgehend abgerissen. Erhalten blieb ein inzwischen denkmalgeschützter moderner Förderturm mit vier nebeneinanderliegenden Seilscheiben und das zugehörige Maschinenhaus mit den letzten für den Ruhrbergbau gebauten Dampfmaschinen aus dem Jahre 1964. Eigentümer dieser Anlage ist ein Förderverein, der sich für die Erhaltung und Entwicklung des Zechengeländes, auf dem in den nächsten Jahren ein Stadtteilpark entstehen wird, tatkräftig einsetzt (Besichtigungsmöglichkeit der Maschinenhalle nach Voranmeldung, Tel. 02361/374541).

Wir setzen unsere Fahrt durch den Recklinghäuser Süden fort und erreichen kurz vor der Emscher das an der Bochumer Straße liegende VEW-Umspannwerk, ebenfalls ein IBA-Projekt. Es stammt aus dem Jahre 1927/28 und ist eine der letzten in geschlossener Bauweise errichteten Anlagen dieser Art. Das Gebäude ist im typischen, von Funktionalismus und Sachlichkeit geprägten Stil der 20er Jahre gestaltet. Die Anlage ist modernisiert worden und wird weiterbetrieben (Besichtigung gruppenweise nach Voranmeldung, VEW Ruhr-Lippe, Tel. 0234/5152310).

Wir queren Emscher und Kanal an dieser Stelle und haben damit Herner Stadtgebiet erreicht. Geradeaus führt eine Anschlußroute zum Bahnhof Herne - vorbei am Schloß Strünkede, einem weiteren bedeutenden Wasserschloß im Emscherraum.

Das heutige Schloß im Renaissance-Stil stammt aus dem Jahre 1664. Es beherbergt das Emschertal-Museum der Stadt Herne mit der Abteilung Früh- und Kulturgeschichte (Ö: di-sa 14-18, so 11-13). Die 1272

Kartenblatt 4

errichtete Kapelle stammt noch aus der Frühzeit des Schlosses und ist das älteste erhaltene Gebäude der Stadt Herne. Weiterhin befindet sich in einer benachbarten Villa die Städtische Galerie.

Die Nordroute des Emscher Park Radwegs führt von der Kanalbrücke bis zum Schleusenpark Waltrop nun stets am Ufer des Rhein-Herne-Kanals entlang, wobei zwei mal das Ufer gewechselt wird.

Der Rhein-Herne-Kanal mit einer Gesamtlänge von 45,6 km verbindet den Rhein bei Duisburg mit dem 15 Jahre älteren Dortmund-Ems-Kanal bei Henrichenburg. Er ist bis heute der verkehrsreichste Binnenschiffahrtskanal Deutschlands mit ca. 20.000 Schiffen pro Jahr. Erbaut wurde er zwischen 1906 und 1914, wobei der Höhenunterschied von ca. 36 m durch ursprünglich sieben Doppelschleusen überwunden wurde. Bedingt durch Bergsenkungen haben sich im Laufe der Zeit die Höhenverhältnisse der einzelnen Kanalstufen verschoben, so daß im Zuge der noch laufenden Erneuerung des Kanals zwei Doppelschleusen (in Oberhausen und Herne West) entfallen sind. Die übrigen fünf Schleusen sind erst in den letzten Jahren für die größer werdenden Schiffstypen vollkommen neu gebaut worden. Beim Ausbau der Schleuse Herne Ost und dem Wegfall der Schleuse Herne West wurden einige Anlagen und die Kammer-Außenwände erhalten, die - am Emscher Park Radweg gelegen - ein anschauliches Bild der früheren Dimensionen im Verhältnis zur modernen Schleuse vermitteln.

Rhein-Herne-Kanal

Kartenblatt 5

Zwischen der ehemaligen Schleuse Herne West und der Schleuse Herne Ost führt ein Abzweig über die Regionale Radwanderstrecke R 10 nach Süden zur Zechensiedlung Teutoburgia und zum „Kunst-Wald" auf dem Zechengelände. Vorbei am Landschaftspark Bladenhorst / Castroper Holz können wir über die Regionale Radwanderstrecke R 29 wieder die Hauptroute Nord des Emscher Park Radweges erreichen.

Siedlung Herne-Teutoburgia

Die Siedlung Teutoburgia - zwischen 1909 und 1925 als Werkssiedlung für die gleichnamige Zeche entstanden, ist ein einzigartiges Dokument der Architektur- und Sozialgeschichte der Stadt Herne. Die Siedlung ist heute in ihrer ursprünglichen Form nahezu vollständig erhalten und zeigt sowohl die gestalterische Vielfalt als auch die hervorragenden Wohnqualitäten einer Gartenstadtsiedlung aus der Zeit der Jahrhundertwende. Das Gesamtensemble umfaßt 136 Gebäude mit 459 Wohnungen. Ziel des Projektträgers des IBA-Projektes ist es, die Siedlung mit ihren herausragenden und denkmalwerten Qualitäten langfristig zu erhalten. Dabei haben besonderes Gewicht die werk- und detailgetreue Rekonstruktion der Außenhaut der Gebäude sowie die Entwicklung umweltverträglicher und ökologischer Modernisierungsstandards.

Die Fläche der angrenzenden ehemaligen Zeche Teutoburgia ist Schauplatz eines ambitionierten Vorhabens: Auf dem verwilderten Zechengelände entstand ein neuer Wald, ein „Kunst-Wald" als Teil des Landschaftsparks Bladenhorst/Castroper Holz. Nach den Ideen von acht Künstlern wurden hier an zehn Orten „Grün-Kunst-Räume" realisiert. Die Kunst gestaltet das Gelände, greift ein und macht die Geschichte dieses Ortes unter einem neuen Aspekt erfahrbar. Die Natur wird als gestalterisches Element einbezogen und bewirkt lebendige Veränderungen an den Kunstobjekten. Natürliche Prozesse versinnbildlichen Entwicklungsgeschichte.

Kartenblatt 5

Der Landschaftspark Bladenhorst/Castroper Holz, desssen überwiegender Teil nördlich der Autobahn A 42 liegt, ist eines der Modellprojekte im Emscher Landschaftspark, die unter der Trägerschaft des Kommunalverbandes Ruhrgebiet realisiert werden. Erholungsnutzung im Einklang mit naturnaher Landschaftsentwicklung zu erreichen, ist das Ziel beim Aufbau dieses Landschaftsparks. Der Park umfaßt eine Fläche von 500 Hektar und einen Kernbereich von 185 Hektar am Stadtrand von Herne und Castrop-Rauxel. Teilprojekte sind neben Waldpflege des Castroper Holzes der Rückbau eines ehemaligen kommerziellen Freizeitparks. Bei der Rückfahrt zur Hauptroute des Emscher Park Radweges am Kanalufer passieren wir das Wasserschloss Bladenhorst. Die heutige Anlage entstand im Laufe des 16. Jahrhunderts. Den ältesten und am besten erhaltenen Teil bildet das auf halbkreisförmigem Grundriß errichtete Torhaus mit fünfstufigem Treppengiebel.

Die Hauptroute Nord des Emscher Park Radweges wechselt an der Schleuse Herne Ost auf das Nordwestufer und führt auf dem Uferwanderweg bis zur sog. Wartburginsel, wo die Emscher unter dem Rhein-Herne-Kanal gedükert wird. Hinter dem Gelände des Rudervereins wechseln wir über die Straßenbrücke auf das Südostufer.

Schloß Bladenhorst Torhaus

Kartenblatt 5

Am Ende unserer Kanaluferfahrt erreichen wir mit dem Schleusenpark Waltrop ein weiteres technikgeschichtliches Highlight am Emscher Park Radweg. Der Rhein-Herne-Kanal mündet hier in den 15 Jahre zuvor eröffneten Dortmund-Ems-Kanal ein. Für die Überwindung des Höhenunterschiedes von 13,50 m zur oberen Kanalhaltung zum Hafen Dortmund wurden hier im Laufe der Zeit insgesamt vier verschiedene Abstiegsbauwerke errichtet, von denen zwei museal erhalten und die beiden anderen voll in Betrieb sind:

Das Alte Schiffshebewerk Henrichenburg - unmittelbar am Emscher Park Radweg gelegen - war seinerzeit das größte und spektakulärste Bauwerk im Verlauf des Dortmund-Ems-Kanals. Es wurde 1899 von Kaiser Wilhelm II. eingeweiht. Nach seiner Stillegung und Restaurierung ist das Alte Schiffshebewerk als Museum zugänglich (Ö: di-so, 10-18 Uhr). Zum Museum gehören neben dem Schiffshebewerk das ehemalige Kessel- und Maschinenhaus mit Ausstellungen zu den Wasserstraßen, der untere Vorhafen mit den Schiffsanlegern und Stegen sowie historische Schiffe und Arbeitsgeräte. Das Museum gewährt nicht nur Einblicke in die Technik, sondern auch in die Geschichte der Binnenschiffahrt und den oft mühsamen Alltag der Binnenschiffer mit ihren Familien an Bord. In den nächsten Jahren wird das Museum weiter ausgebaut. Im Oberwasser werden dann Verlade- und Werfteinrichtungen zur Schiffsreparatur sowie die originalen Dampfschiffe und Arbeitsgeräte zu sehen sein.

Altes Schiffshebewerk im Schleusenpark Waltrop

Kartenblatt 5

Etwas nördlich vom Alten Schiffshebewerk befinden sich die übrigen drei Abstiegsbauwerke in dieser Reihenfolge:

- Die zwischen 1914 und 1989 in Betrieb gewesene alte Schachtschleuse mit Sparbecken (ursprünglich beidseitig, nur an der Südseite erhalten). Die Schleusenkammer wurde nach Ihrer Außerbetriebsetzung mit einer Schiefen Ebene versehen, auf der Sportboote vom Ober- zum Unterwasser getragen werden können.

- die 1989 in Betrieb genommene neue Schleuse mit 190 m Länge und 12 m Breite für die Schleusung von Schubverbänden und schließlich

- das „Neue Schiffshebewerk" aus dem Jahre 1962 für Schiffe bis zu einer Traglast von 1350 Tonnen. Die Dauer eines Hub- und Senkvorgangs einschließlich Ein- und Ausfahrt beträgt 34 Minuten und läßt sich von außen gut beobachten (Betriebszeit ganztägig, sonntags bis 12 Uhr). Zugang und gute Beobachtungsmöglichkeiten bestehen durch den Ausstellungspavillon. Die Ausstellung „Wasserstraßen und Schiffahrt", (Ö: di-so 10-18 Uhr, Kombi-Eintrittskarten mit „Museum Altes Schiffshebewerk" erhältlich) informiert über das heutige Wasserstraßensystem sowie über die Bedeutung und Leistungen der Binnenschiffahrt.

Rund um die alten und neuen Schleusen und Hebewerke wird in den nächsten Jahren der Schleusenpark Waltrop entstehen. Die Grünflächen auf den Kanalinseln werden dabei neu gestaltet. Bestehende Wege werden mit neuen Parkwegen zu einem Netz verknüpft und eine neue Brücke über das Oberwasser des Alten Hebewerks geschlagen. Der Schleusenpark Waltrop ist ein Modellprojekt des KVR im Rahmen der Internationalen Bauausstellung.

Wir fahren nun zunächst am Dammfuß südlich des Dortmund-Ems-Kanals über die Straße „Am Felling" und anschließend über verschiedene Wald- und Feldwege durch den ländlich geprägten Süden der Stadt Waltrop, vorbei an der mittelalterlichen Laurentius-Kapelle. Auf der Straßenbrücke Viktorstraße queren wir den Dortmund-Ems-Kanal, um gleich anschließend nach rechts abzubiegen. Über den Kapellenweg und die Straße „Am Abdinghof" sowie einen neu gebauten Waldweg erreichen wir schließlich den Ortsrand von Waltrop.

Kartenblatt 6

In Waltrop-Brockenscheid haben wir mit dem Gewerbepark auf dem ehem. Zechengelände ein weiteres IBA-Projekt mit dem Arbeitstitel „Neue Technik in alten Hallen" errreicht. Den Kern des Projektes bilden die historischen Maschinenhallen der ehem. Zeche Waltrop I/II, die zwischen 1903 und 1906 z.T. mit Jugendstilelementen errichtet und 1979 stillgelegt wurde. Sie ist eine der wenigen erhaltengebliebenen Zechen im Ruhrgebiet, die „aus einem Guß" entstanden sind. Dieses kompakte Hallenensemble wurde auch aufgrund seiner Geschlossenheit komplett unter Denkmalschutz gestellt. Die meisten Hallen wurden als sanierter „Rohbau" wiederhergestellt und im Anschluß entsprechend den künftigen Nutzungen ausgebaut.

Nur wenige Schritte entfernt von hier an der Tinkhoffstraße liegt das IBA-Wohnprojekt „Gartensiedlung im Saurenfeld" mit 130 Familienhäusern, entworfen von einer dänischen Architektengruppe.

Über Sydowstraße, Brambauerstraße (Radweg auf der gegenüberliegenden Nordseite benutzen!) und die Straße Im Knäppen -beidseitige Mehrzweckstreifen - errreichen wir als dritten Schiffahrtskanal auf der Nordroute des Emscher Park Radweges den 1931 eröffneten Datteln-Hamm-Kanal, dem wir zunächst bis Lünen auf seinem Südufer folgen. Dieser Kanal wird z.Zt. in verschiedenen Teilabschnitten ausgebaut, so daß eine durchgehende Befahrbarkeit des Uferweges nicht immer gewährleistet ist. Die „Umleitung" erfolgt in dieser Zeit über den touristischen Radweg „Rundkurs im Ruhrgebiet". Wir passieren zunächst die am Kanalufer gelegene romantische Ruine des Schlosses Wilbringen und gelangen an der nächsten Kanalbrücke zu einem Wegekreuz, wo der „Rundkurs im Ruhrgebiet" - Radweg über die Brücke hinweg und auf einer Route nördlich der Lippe in Richtung Lüner Innenstadt verläuft, während in südlicher Richtung der Lüner Ortsteil Brambauer mit dem IBA-Projekt Lüntec liegt.

Ein ungewöhnliches, futuristisch anmutendes Bauwerk, das „Ufo" des weltbekannten Industriedesigners Prof. Luigi Colani, wurde hier unter Einbeziehung des Fördergerüstes der ehem. Zeche Minister Achenbach IV geschaffen. Es steht symbolisch für den Strukturwandel in der Stadt Lünen. Das Technologiezentrum Lüntec mit seinem Forschungs- und Entwicklungszentrum für Umwelt und Verpackung (ZUPACK) bietet ein interessantes Umfeld für den benachbarten Gewerbepark.

Kartenblatt 6

„Ufo" im Lüntec, Lünen-Brambauer

Der Uferwanderweg am Kanal führt uns weiter bis zur Brücke Gahmener Straße (B 54), über die wir nach Norden in Richtung Lüner Innenstadt fahren. Der Straßenzug „Auf dem Osterfeld/Kantstraße" ist teilweise als Fahrradstraße konzipiert. Er ist Teil der Radwegetrasse „Leezenpatt" (eine münsterländer Bezeichnung für Radweg), die als Kernstück des Lüner Radwegenetzes das gesamte Stadtgebiet in Süd-Nord-Richtung durchzieht. Wir fahren nun durch die Innenstadt in Richtung Lippeufer.

Die aufgrund ihrer strategischen Lage im Mittelalter von ihren Landesherren, den Grafen von der Mark, geförderte Stadt erlebte im 19. Jahrhundert durch Bergbau und Industrialisierung eine neue Blüte. Sehenswert sind zahlreiche Fachwerkhäuser in der Altstadt - insbesondere in der Mauerstraße und am Roggenmarkt - sowie die mittelalterliche evangelische Stadtkirche St.Georg mit einem eindrucksvollen Flügelaltar aus dem Jahre 1470 mit Szenen aus dem Leben Christi.

Kartenblatt 6

Roggenmarkt in der Lüner Innenstadt

Am Lippedeich wendet sich die Nordroute des Emscher Park Radweges wieder nach Süden, während ein kurzer Abzweig nach Norden zum Hauptbahnhof Lünen führt. Nach Querung der Kamener Straße (B 61) und der Seseke, einem Nebenfluß der Lippe, gelangen wir in den Schloßgarten um Haus Schwansbell.

Das in der Mitte des vorigen Jahrhunderts auf den Fundamenten einer mittelalterlichen Burganlage im Stile englischer Neugotik errichtete Herrenhaus mit zinnenbekrönten Türmen erhebt sich aus dem Wasser eines Teiches. Das benachbarte Wirtschaftsgebäude beherbergt das Museum der Stadt Lünen, in dem eine besonders umfangreiche Sammlung alter Puppen und Spielzeuge sehenswert ist (Ö: di-fr 14-17 Uhr, sa, so 13-17 Uhr, in den Monaten April-September jew. bis 18 Uhr). Im gleichen Gebäude befindet sich ein bekanntes Gourmet-Restaurant. Die Umgebung von Haus Schwansbell gehört zum Bereich der Landesgartenschau 1996, deren Kernbereich sich südlich des Datteln-Hamm-Kanals erstreckt.

Kartenblatt 6

Der Gartenschau-Eingang befindet sich an der Schwansbell-Brücke, einer ungewöhnlichen Aluminium-Konstruktion, wo der Emscher Park Radweg auch wieder das Ufer des Datteln-Hamm-Kanals erreicht, an dessen Nordufer wir nun Richtung Osten fahren.

Die Landesgartenschau 1996 ist ein weiteres IBA-Projekt und zugleich ein wichtiger Baustein des Emscher Landschaftsparks. Wiedergewinnung von Landschaft und Reparatur bergbaubedingter Schäden sind die Ziele, die zur Aufwertung der südlichen Lüner Stadtteile und zur Erhöhung der Freiraumqualität beitregen sollen. Das 56 Hektar große Gesamtareal reicht von der Innenstadt über die Stadtteile Gahmen und Lünen Süd nach Horstmar und kann damit wichtige ökologische und soziale Verbindungen zwischen Freiraum und Wohngebieten herstellen. Während der Bauzeit von 1993 bis 1996 wurde zunächst der Kernbereich rund um den neu geschaffenen „Horstmarer See" in die Landschaft modelliert. 400.000 cbm Erdmassen mußten bewegt werden, um den See in den Maßen 550x280x5 m zu schaffen.

Achtung! Während der Laufzeit der Landesgartenschau von April bis Oktober 1996 ist ein Durchfahren der Anlage - z.B. zum Bahnhof Preußen - nicht möglich. Der Emscher Park Radweg verläuft jedoch vollständig außerhalb der Einzäunungen.

Kartenblatt 7

Weiter geht es am Nordufer des Datteln-Hamm-Kanals bis zur Brücke Jahnstraße. Dabei kommen wir vorbei an der Zeche Haus Aden, die sich über 1,8 Kilometer am gegenüberliegenden Ufer erstreckt. Markant sind vor allem die beiden Bock-Fördergerüste.

Zeche Haus Aden am Datteln-Hamm-Kanal

Unter der nächsten Straßenbrücke hindurch und nach links am Dammfuß der Rampe entlang erreichen wir einen Abzweig, der über die Straße „Königslandwehr" zur Ökologiestation des Kreises Unna, Hof Schulze Heil führt. Der denkmalgeschützte ehemalige Gutshof enthält als Öko-Station unterschiedliche Einrichtungen mit verschiedenen Arbeitsschwerpunkten unter einem Dach: Das Umweltzentrum betreibt auf breiter Basis Öffentlichkeitsarbeit und Weiterbildung in Sachen „Angewandte Ökologie". Der Hof soll zum Treffpunkt und zur Informationsstätte im Seseke-Landschaftspark werden. Die Hofanlage sowie ihre Nutzung sind Demonstrationsobjekt für den schonenden Umgang mit der Natur. Die Biologische Station nimmt naturschutzfachliche Aufgaben im Kreis Unna wahr.

Die Nordroute führt über den Kanal hinweg nach Süden. Gleich hinter dem Bahnübergang der Hamm-Osterfelder-Bahn, einer Güterzug-Magistrale des Ruhrgebiets, geht es nach links in die Waldstraße.

Kartenblatt 7

Nun taucht vor uns eine weitere große, teilweise noch „in Schüttung" befindliche Bergehalde, die Halde Großes Holz auf. Am nordwestlichen Rand des Stadtgebietes von Bergkamen gelegen erhebt sich der in seiner Endform bereits gestaltete Südteil dominant aus der Ebene. Wir fahren nach rechts in einem Halbkreis auf Waldwegen um die Halde herum. Bei guten Sichtverhältnissen lohnt ein Aufstieg zur Schutzhütte auf dem Gipfelpunkt.

Blick von der Halde „Großes Holz", Bergkamen

Der Emscher Park Radweg stößt nun auf die Erich-Ollenhauer Straße, die wir geradeaus überqueren und auf der Hubert-Biernat-Straße in das Zentrum der Stadt Bergkamen fahren.

Die Stadt Bergkamen entstand erst 1966/68 durch den Zusammenschluß von sechs Gemeinden. Sie hat bis heute keine eindeutige Mitte ausbilden können, obwohl mit dem in den 70er Jahren errichteten Rathaus und dem sich anschließenden Citycenter bereits erhebliche Anstrengungen in dieser Richtung geleistet wurden. Mit dem IBA-Projekt „Stadtmittebildung" soll ein Versuch zur Entwicklung einer sozialen, städtebaulichen und wirtschaftlichen Identität der 53Tausend-Einwohner-Stadt geleistet werden. Hierzu sollen verschiedene, sich hier konzentrierende Teilprojekte beitragen, wie zum Beispiel:

- „Einfach und selber bauen"
- Erneuerung der City
- Marktplatz
- Frauen planen Wohnungen.

Aus der Hubert-Biernat-Straße und der östlich anschließenden Ebert-Straße soll ein beispielhafter öffentlicher Raum mit hohem Erlebniswert werden, der die City und das gewachsene Nordbergzentrum verbindet und damit Rückgrat des Gesamtprojektes Stadtmittebildung wird.

Kartenblatt 7

Das Wohnprojekt „Frauen planen Wohnungen" konnte bereits 1994 fertiggestellt werden. Der Titel war Programm für dieses außergewöhnliche Bauprojekt. Ziel war es, die vor allem von Frauen vorgetragene Kritik an starren Normen des sozialen Wohnungsbaus aufzugreifen und im Rahmen eines Wohnungsbauvorhabens zu experimentieren. Das Ergebnis eines bundesweiten Wettbewerbs unter Architektinnen und Planerinnen wurde von einer Wohnungsbaugesellschaft realisiert. Schwungvoll setzen die beiden Gebäudekomplexe in dominierender Lage einen städtebaulichen Akzent. Die stählernen Verbindungselemente zwischen den Gebäuden geben der Architektur ein besonderes Gepräge und tragen deutlich zu einem stärker nutzbaren, den Wohnungen direkt zugeordneten Wohnumfeld bei.

Wohnbauprojekt „Frauen planen Wohnungen", Bergkamen

Am Marktplatz biegen wir nach links in die Parkstraße und anschließend nach rechts in die Straße „Am Wiehagen" ein. Die Fußgängerzone am Nordberg querend (bitte absteigen) und über Hoch- sowie August-Bebel-Straße gelangen wir zur Fritz-Husemann-Straße, auf deren südlichem Radweg wir Richtung Osten bis zur Kreuzung Werner Str. (B 233) und weiter geradeaus über die Industriestraße fahren.

Kurz darauf gelangen wir zu einem nach rechts abbiegenden Radweg, der als Abzweig auf einer ehemaligen Zechenbahntrasse bis nach Kamen zur Südroute des Emscher Park Radweges führt (s. Kartenblatt 15). Die Nordroute verläuft auf der Industriestraße weiter bis zur nächsten Straßenkreuzung, um dort nach Norden in die Erlentiefenstraße abzubiegen. Dieser folgen wir nun unter der Eisenbahnstrecke hindurch und weiter über die Overberger Straße bis in den Stadtteil Rünthe. Am Ortseingang queren wir auf einer Holzbrücke den renaturierten Beverbach. Weiter geht es durch die Zechensiedlung Rünthe auf verkehrsberuhigten Straßen. Wir queren den Ostenhellweg

Kartenblatt 7

und kurz darauf den Datteln-Hamm-Kanal, um schließlich unweit südlich der Lippe zu einer Wegegabelung zu gelangen. Nach links führt hier ein Weg über die Lippe hinweg in die unmittelbar nördlich der Lippe gelegene Stadt Werne, wo eine historische Altstadt, das moderne Natursolebad und das benachbarte - im Ruhrgebiet einmalige - Gradierwerk einen Abstecher lohnen.

Lippeaue bei Bergkamen

Auf dem Emscher Park Radweg geht es südlich der Lippe weiter nach Osten durch eine reizvolle Auenlandschaft. Gleich nach Unterquerung der Autobahn A 1, bereits auf Hammer Stadtgebiet, überqueren wir den Kanal und durchfahren auf Urnenfeldstraße, Heinrich-Budde-Straße und Eckernkamp den ländlich geprägten westlichsten Hammer Stadtteil. An der Straße „Am Tibaum" biegen wir nach links ab und überqueren erneut den Kanal.

Kartenblatt 8

Während die Straße „Am Tibaum" nach links in Richtung Werne-Stockum abbiegt, fahren wir geradeaus weiter in die schmale Zufahrtstraße des Kraftwerkshafens. Kurz darauf erreichen wir ein Naturschutzgebiet an einem alten Lippearm.

Das Naturschutzgebiet „Am Tibaum" besteht aus Feuchtlandbereichen mit Röhricht- und Seggenbeständen, Ufergehölzen und naturnahem Wald. Ziel der Unterschutzstellung ist die Verbesserung der vorhandenen Lebensräume für Pflanzen und Tiere, insbesondere feuchtgebietstypische Tierarten. Besonders beeindruckend ist der harte Kontrast dieses natürlichen Lebensraumes mit dem riesigen Komplex des Gerstein-Kraftwerkes am nördlichen Lippeufer, das als weithin sichtbare Landmarke die Lippeniederung im Hammer Westen beherrscht. Am Naturschutzgebiet entlang umfahren wir den Kraftwerkshafen. Die mit Schiffen antransportierte Kohle wird auf einem Förderband über die Lippe hinweg in das Kraftwerk gebracht.

Wir unterqueren nun die Brücke über Lippe und Kanal, auf der auch die „Römerroute" durch den Stadtteil Herringen in Richtung Hammer Innenstadt führt (Alternativroute). Auf den nun folgenden Kilometern liegen Lippe und Datteln-Hamm-Kanal dicht nebeneinander - nur durch einen Deich voneinander getrennt, auf dem auch der Emscher Park Radweg verläuft. So ergeben sich immer wieder reizvolle Ausblicke in das nähere und weitere Umfeld. Südlich des Kanals kommt zunächst die Zeche Heinrich Robert ins Blickfeld. Bald darauf tauchen auf der Nordseite jenseits der Lippe die Fördergerüste der Zeche Radbod auf. Kurze Zeit später sind die Anlagen des Hammer Hafens erreicht, der sich über zwei Kilometer am Datteln-Hamm-Kanal erstreckt. Der Hammer Hafen bildet die Wasserdrehscheibe im Einzugsbereich von Sauerland, Mittel- und Ostwestfalen. An den modernen Kaianlagen werden heute pro Jahr rund zwei Millionen Tonnen an Gütern umgeschlagen.

Am östlichen Ende des Hafens unterqueren wir die Eisenbahnbrücke und stoßen kurz darauf auf die verkehrsreiche Münsterstraße (B 61). Eine gefahrlose Querung ist an einer Unterführung südlich der Lippe möglich. Hier führt auch ein Abzweig nach Süden in die Hammer Innenstadt und zum Bahnhof Hamm.

Hamm wurde 1226 gegründet und war im Mittelalter die Hauptstadt der Grafschaft Mark, welche 1609 an den Kurfürsten von Brandenburg überging. Lippeschiffahrt, Eisenbahn und Bergbau begründeten den Wiederaufstieg in der Neuzeit. In der Altstadt Hamms sind trotz starker Zerstörungen im Zweiten Weltkrieg einige historische Bürgerhäuser, vorwiegend aus der Barockzeit, erhalten geblieben. Die romanisch/gotische Pauluskirche ist das weithin sichtbare Merkzeichen der Stadt. Kulturell Interessierten sei ein Besuch im Gustav-Lübcke-Museum in der Nähe des Bahnhofs empfohlen. Das seit 1993 in einem interessanten Neubau untergebrachte Museum (Ö: di-so 10-18 Uhr) beherbergt u.a. die größte Sammlung ägyptischer Kunst in Nordrhein-Westfalen, angewandte Kunst vom Mittelalter bis zur Gegenwart sowie Gemälde des 20. Jahrhunderts.

Kartenblatt 8

Das letzte Teilstück der Nordroute des Emscher Park Radweges führt auf dem Lippedeich zum nordöstlichen Hammer Stadtteil Heessen. Nach Überquerung der Dolberger Straße durchfahren wir auf der Amtsstraße (beidseitig Radwege bzw. -streifen) den Heessener Ortskern. An der Ahlener Straße führt ein kurzer Abzweig zum Bahnhof Heessen. Geradeaus geht es über die Köln-Mindener-Eisenbahnstrecke hinweg und anschließend nach links in den Sachsenweg. Hier haben wir mit dem Öko-Zentrum NRW den östlichen Endpunkt des Emscher Park Radweges erreicht.

Das Öko-Zentrum NRW ist z.Zt. größtenteils in der ehemaligen Maschinenhalle der Zeche Sachsen untergebracht. Diese wurde 1912 nach Plänen von Prof. Alfred Fischer, einem der bedeutendsten Industrie-Architekten des Ruhrgebiets, erbaut und ist außer einem kleinen Nebengebäude das einzige erhaltene Relikt dieser Zechenanlage, die von 1912 bis 1976 förderte. Auf der früheren Zechenbrache entsteht jetzt das Öko-Zentrum als Zentrum für ökologisches und biologisches Planen und Bauen mit einem angeschlossenen Gewerbepark von 17 Hektar. In unmittelbarer Nachbarschaft der Halle wurde der Crüsemannsche Hof aus Hamm-Uentrop wiederaufgebaut. Das rund 150 Jahre alte Fachwerkhaus fungiert heute als Verwaltungsgebäude für die Betreibergesellschaft des Öko-Zentrums. Das Zentrum hat die Aufgabe, die Umsetzung des umweltgerechten Bauens voranzutreiben. Arbeitsbereiche sind Messen, Tagungen, Kongresse, Fort- und Weiterbildung und Wissenstransfer. Die Einrichtung dieses Zentrums soll den wachsenden Bedarf nach Wissen und Können im Bereich des ökologischen Planens und Bauens decken. Es will Ideenlieferant und Beratungszentrum auch für eine ökologisch orientierte Stadtentwicklung sein sowie zentrale Anlaufstelle für Fachwelt und private Bauwillige.

Öko-Zentrum NRW, Hamm-Heessen

⚲

Emscher Park Radweg - Südroute

Kartenblatt 9

Die Südroute des Emscher Park Radweges beginnt am Innenhafen vor dem Kultur- und Stadthistorischen Museum der Stadt Duisburg. Am Rande der Duisburger Altstadt gelegen, ist dieser Ausgangspunkt mit dem Rad in 10 Minuten Fahrzeit vom Hauptbahnhof zu erreichen.

Das 1991 eröffnete Museum präsentiert sich in einem ehemaligen Getreidespeicher, der umgestaltet und mit Anbauten ergänzt wurde. Der Standort in unmittelbarer Nähe zum Burgplatz mit der spätgotischen Salvatorkirche und dem Rathaus, zur Archäologischen Zone „Alter Markt" und der freigelegten Stadtmauer ist die Visitenkarte der Stadt und führt ihre nahezu 2000jährige Geschichte eindrucksvoll vor Augen. Das Museum (Ö: di,do,sa 10-17 Uhr, mi 10-6 Uhr, so 11-17 Uhr) zeigt, mit der Geschichte des Niederrheins und der römischen Epoche beginnend, in den historischen Abteilungen die Entwicklung des Duisburger Siedlungsraumes durch das Mittelalter und die Industrialisierungsphase bis zur heutigen Großstadt in verschiedenen Aspekten auf. In Sonderräumen sind die Geschichte des Mühlenwesens und der Niederrheinischen Zierkeramik zu sehen. Dazu kommen mehrmals jährlich Sonderausstellungen.

Innenhafen Duisburg

Kartenblatt 9

Mit dem Startpunkt der Südroute befinden wir uns gleichzeitig in einem großen IBA-Projekt der Stadt Duisburg, dem Dienstleistungspark Innenhafen. Die architektonisch reizvolle Speicherstadt am alten Duisburger Innenhafen bildet die prägnante Kulisse für einen künftigen internationalen Bürostandort in citynaher Lage am Wasser. Rund um die ehemaligen Mühlen- und Speichergebäude ist ein 89 Hektar großer Dienstleistungspark geplant. Die städtebauliche Grundidee ist die Gegenüberstellung der historischen Gebäude mit einer neuen imposanten Architektur. Für den Neubau hat der britische Architekt Sir Norman Foster einen sichelförmigen 16stöckigen „Glaspalast" entworfen, der vis-a-vis zur Speicherstadt um den alten Holzhafen gelegt ist. Die alten Speichergebäude werden für verschiedene kulturelle und Büronutzungen umgestaltet.

Nachdem wir den Bereich des Innenhafens verlassen haben, unterqueren wir die Autobahn A 59 und gelangen über Falkstraße, Aakerfährstraße und Futterstraße zur Meidericher Straße (B 8). Hier bleiben wir auf dem westlichen Rad-/Gehweg. Unter der Autobahn A 40 hindurch und nach Querung des Ruhrdeichs fahren wir auf der Aakerfährbrücke über die Ruhr. Am nördlichen Brückenkopf geht es auf einer steilen Rampe nach links und unter der Brücke hindurch in die Ruhraue, in der wir nun entlang des Ruhrbogens auf einem ausgebauten Radweg bis Oberhausen-Alstaden radeln.

Die Ruhraue bildet den südlichen Teil des Regionalen Grünzugs A im Emscher Landschaftspark. Sie erstreckt sich von der Ruhrmündung über den Ruhrbogen bis zum Schloß Styrum in Mülheim mit unmittelbarem Anschluß an den Bereich der MüGa (ehem. Landesgartenschau). Das Entwicklungskonzept, welches von den beteiligten Städten für die Ruhraue erarbeitet wurde, soll sowohl die Erholungsqualität als auch die ökologische Qualität dieses von zahlreichen Autobahnen und Eisenbahnlinien zerschnittenen Landschaftsraumes verbessern. Beispielhaft kann man dies bereits an der auf Oberhausener Stadtgebiet gelegenen ehemaligen Halde Alstaden sehen, die 1992/93 renaturiert wurde. Nachdem die 3,5 Millionen Tonnen Haldenmaterial abtransportiert worden waren, wurde im Kernbereich der ehemaligen Halde ein auentypischer Lebensraum auf zeitweilig überfluteten Zonen angelegt.

Der Emscher Park Radweg führt in einem großen Bogen um dieses Auenbiotop herum und erreicht schließlich das Ruhrufer mit einem promenadenartig ausgebildeten Deich. Vorbei am Ruhrpark über Speldorfer Straße und Kewerstraße stoßen wir zwischen zwei Bahndämmen unvermittelt auf den Ruhrschnellweg (A 40), der hier auf einem kurzen Abschnitt unter den Eisenbahnbrücken einen Radweg aufweist. Ein Abzweig führt hier nach rechts und gleich anschließend auf der Brücke über die A 40 hinweg zum S-Bahnhof Mülheim-Stryrum (S 1 und S 3), zur MüGa und in das mittlere Ruhrtal, das auf einem weiteren touristischen Radweg des KVR, dem „Rundkurs im Ruhrgebiet", erkundet werden kann.

Kartenblatt 9

Von den zahlreichen Attraktionen der MüGa, Mülheims Garten an der Ruhr, soll im Rahmen dieses Führers vor allem auf diejenigen hingewiesen werden, die unweit des Emscher Park Radweges auf dem nördlichen Ruhrufer liegen: Rund um das Schloß Styrum erstreckt sich der Schloßpark Styrum, ein historischer Barockgarten mit altem Baumbestand und zahlreichen Rhododendronbüschen, der zum Verweilen und Entspannen einläd. Spektakulärer Höhepunkt eines Besuchs im Styrumer Schloßpark ist das Wassermuseum „Aquarius" im alten Styrumer Wasserturm, dessen weithin sichtbare Silhouette den nördlichen Endpunkt der MüGa markiert. Ob man sich für das Element Wasser und seinen Kreislauf interessiert oder nur staunen will über die gelungene Computer- und Multimedia-Inszenierung dieses High-Tech-Museums im alten Gemäuer - der Aquarius ist ein Erlebnis. Der verglaste Umgang um die Kuppel des Wasserturms bietet einen Panoramablick über Mülheim, Oberhausen und Duisburg bis zum Niederrhein (Ö: di-so 10-18 Uhr, letzter Einlaß: 17 Uhr).

Aquarius-Wassermuseum

Kartenblatt 9

Der Emscher Park Radweg wendet sich an der A 40 nach Norden über Alstadener Straße und Römerstraße. Wir durchqueren eine Kleingartenanlage und stoßen unweit nördlich davon auf die Straße „Landwehr", in die wir nach rechts abbiegen (Radweg auf gegenüberliegender, nördlicher Straßenseite). Nachdem wir die Mülheimer Straße überquert haben, gelangen wir wieder in einen von Grün- und Freiflächen geprägten Raum.

Kartenblatt 10

Vorbei an Sportanlagen, durch Parks und Ackerflächen an der Stadtgrenze Mülheim/Oberhausen gelangen wir zur Hauptverkehrsstraße „Zechenbahn", die wir im Bereich einer Autobahnanschlußstelle queren. Anschließend verläuft der Emscher Park Radweg duch Magdalenenstraße, Mariannenweg, Auf dem Bruch, Schildberg und Heiermannstraße im Mülheimer Stadtteil Dümpten, um an der Straße „Leppkesfeld" den Regionalen Grünzug B des Emscher Landschaftsparks zu erreichen. Kurz darauf, im Hexbachtal, zweigen zwei Verbindungswege zur Nordroute des Emscher Park Radweges ab (s. Kartenblatt 3).

Das schmale, jedoch landschaftlich reizvolle Tal des Hexbachs an der Stadtgrenze von Mülheim und Essen wird von Waldbereichen und offenen Landschaftsteilen geprägt. Im Rahmen der Planungen für den Emscher Landschaftspark ist ein Verbund der verinselten Biotopkomplexe des südlichen Grünzugs B vorgesehen, damit sich hier eine möglichst große Vielfalt an naturraumtypischen Pflanzen und Tierarten entwickeln kann.

Über die Straße „Im Fatloh" geht es nun bergauf zur Frintroper Straße und nach deren Querung geradeaus in die Straße „Rabenhorst", um hinter der Kirche nach rechts in die „Schloßwiese" einzubiegen. Dieser folgen wir am Rande des Schloßparks Borbeck bis zur Einmündung in die Schloßstraße, in die wir nach rechts einbiegen (paralleler Radweg). Ständig weiter bergab fahrend haben wir bald darauf das Schloß Borbeck erreicht.

Schloß Borbeck

53

Kartenblatt 10

Das Wasserschloß Borbeck war über Jahrhunderte die Residenz der Äbtissinnen des Damenstifts Essen, eines bis 1803 reichsunmittelbaren Miniatur-Fürstentums. Das heutige spätbarocke Aussehen erhielt die Anlage nach mehreren Umbauten im 18. Jahrhundert. Das Schloß und das gegenüberliegende Wirtschaftsgebäude von 1842 werden heute für kulturelle und soziale Zwecke genutzt (Ö. tägl. 14-22 Uhr). Ein prächtiges, geschmiedetes Gittertor führt in den malerischen Schloßpark.

Etwa 500 m östlich des Schlosses über die Fürstäbtissinstraße erreichen wir den Bahnhof Essen-Borbeck (RB 9) und davor linkerhand die Dampfbierbrauerei, eine der ungewöhnlichsten Brauereien Deutschlands (mit Gastronomie).

Hinter der Bahn erstreckt sich das Zentrum von Essen-Borbeck mit Fußgängerzone (Rad hier bitte schieben). Der Emscher Park Radweg verläuft weiter über Gerichtsstraße, Germaniastraße und durch eine kleine Parkanlage zum Bahnhof Essen-Bergeborbeck (S 2) an der Köln-Mindener Eisenbahnstrecke. Hier queren wir die Hafenstraße und fahren auf der gegenüberliegenden Straßenseite auf einer steilen Rampe bergauf und anschließend durch einen Grünzug. Oben bietet sich ein lohnender Ausblick nach Westen auf Borbeck. Nach Querung der Bottroper Straße geht es weiter über Hülsenbruchstraße, Krablerstraße und nach links über den Bahnübergang in die Straße „An der Walkmühle", die sich hinter der Holzbrücke über die Berne als Radweg fortsetzt.

Etwas versteckt im Gebüsch rechts des Weges erinnert ein Gedenkstein daran, daß Friedrich Krupp, der Gründer des Essener Montan-Imperiums, hier an der Walkmühle im Jahre 1812 seinen ersten Reckhammer erbaute.

Über Welkerhude, Strickerstraße und Vogelheimer Straße geht es weiter in den Stadtteil Altenessen. An der Winkhausstraße haben wir wieder einen selbständigen Radweg erreicht, der auf einer ehemaligen Bahnlinie verläuft. Vorbei am Altenessener Markt und nach der Durchquerung des Altenessener Zentrums liegt gleich hinter der Stahlgitterbrücke auf der rechten Seite die ehem. Zeche Carl.

Die Zeche Carl wurde von 1856 bis 1861 abgeteuft und hat bis 1929 Kohlen gefördert. Der Malakoffturm der Schachtanlage ist der älteste erhaltene im rheinischen Teil des Ruhrgebiets. Die Gesamtanlage ist von klassischer Schlichtheit und Harmonie. Ein wesentlicher Teil der denkmalgeschützten Zeche wird seit vielen Jahren als Jugend- und Kulturzentrum von regionaler Bedeutung genutzt. Weitere Teile werden z.Zt. im Rahmen einer Beschäftigungs- und Qualifizierungsmaßnahme restauriert.

Kartenblatt 11

Östlich der Zeche Carl ändert der Emscher Park Radweg in einem spitzen Winkel seine Richtung, um auf einer weiteren ehemaligen Bahntrasse nach Süden in den Kaiser-Wilhelm-Park zu führen.

Der Park ist eine traditionelle, beliebte Freizeitstätte des Essener Nordens mit zahlreichen Attraktionen, aber auch ruhigen Bereichen.

Wir verlassen den Park durch die Unterführung des Bahndammes und gelangen über die Straße „Gaitengraben" und daran anschließende Waldwege bis zur Theobaldstraße im Stadtteil Katernberg, wo wir nach rechts abbiegen. Nach Unterquerung der Köln-Mindener Eisenbahnstrecke erreichen wir über die Haldenstraße sowie die Gelsenkirchener Straße ein weiteres Highlight am Emscher Park Radweg.

Die Schachtanlage XII der Zeche Zollverein in Essen-Stoppenberg wurde 1928-32 nach dem Entwurf der renomierten Industriearchitekten Fritz Schupp und Martin Kremmer errichtet als Zentralförderschacht mit einem Doppelstrebenfördergerüst, vollautomatischem Wagenumlauf, Kohlenwäsche, Elektrozentrale, Kesselhaus und Zentralwerkstätten. Diese seinerzeit größte und modernste Schachtanlage Europas wurde nach einem funktionalen wie ästhetischen Aspekten zugleich verpflichteten übergreifenden Konzept mit axialer Ausrichtung der Gebäude auf Fördergerüst und Kesselhaus angelegt. Den ausnahmslos in Stahlfachwerkkonstruktion errichteten Gebäuden ist eine strenge kubische Gestaltung gemein, die in ihrer Formensprache den Traditionen des Bauhauses entlehnt ist.

Zeche Zollverein, Schacht XII

Kartenblatt 11

Die Anlage wurde 1986 als letzte Essener Zeche stillgelegt. Sie ist für die Wirtschafts- und Bergbaugeschichte Deutschlands und Europas von außerordentlicher Bedeutung und stellt zudem innerhalb des Schaffens von Schupp/Kremmer, aber auch allgemein innerhalb der Industriearchitektur einen einzigartigen Höhepunkt dar. Auf Betreiben der Denkmalpflege ist es gelungen, den Gesamtkomplex einschließlich Maschinen und technischer Ausstattung zu erhalten und ein denkmalverträgliches Nutzungskonzept zu entwerfen, welches die Anlage auf Dauer in ihrem Bestand sichert. Das Industriedenkmal Zollverein ist ein Projekt der Internationalen Bauaustellung Emscher Park.

Wir fahren nun durch die Straßen „Drostenbusch" und Hallostraße und biegen links neben dem Friedhofseingang in einen Weg durch eine Kleingartenanlage zur Immermannstraße. Ein Abzweig führt über die Huestraße zum IBA-Projekt „Handwerkerpark Katernberg-Beisen".

Industrielle Baudenkmäler der ehemaligen Zeche Zollverein, Schacht 3/7/10 und eine großzügige Grüngestaltung geben dem 3,5 Hektar großen Areal eine unverwechselbare Form. Das integrierte Gestaltungskonzept mit viel Park und wenig Erschließungsfläche ist ein Markenzeichen für die hochwertige Arbeitsumfeldqualität dieses Handwerkerparks. Der freigelegte Förderturm ist Zentrum eines Platzes, der für Veranstaltungen zur Verfügung steht.

Die Südroute des Emscher Park Radweges führt von der Huestraße nach links in die Portendiekstraße. Kurz darauf biegen wir nach rechts in die Straße „Schetters Busch" ein, die sich als Rad-/Fußweg bis zur Straße „Kappertsiepen" fortsetzt. Über diese kommen wir zur Rotthauser Straße im Stadtteil Kray. Nach Querung dieser Hauptstraße gelangen wir, vorbei an der ehemaligen Zeche Bonifacius und nach Unterquerung von zwei Bahnlinien in den Bereich des Landschaftsparks Mechtenberg im Regionalen Grünzug C des Emscher Landschaftsparks.

Im Gegensatz zu den Halden in seiner näheren und ferneren Umgebung ist der Mechtenberg eine natürliche Anhöhe. Als Relikt der Eiszeit umringt von Siedlungen und Industrie, wird das Gebiet um den Mechtenberg herum größtenteils landwirtschaftlich genutzt. Als Landschaftspark Mechtenberg ist dieser 290 Hektar große Freiraum das Modellprojekt des Kommunalverbandes Ruhrgebiet im Regionalen Grünzug C. Um diesen Bereich attraktiver zu gestalten, werden bessere Zugangsmöglichkeiten und ein neuer Hauptwanderweg geschaffen, Bäume und Hecken verbessern das Landschaftsbild. Der Emscher Park Radweg wird hier künftig kreuzungsfrei auf einer ehemaligen Bahnlinie - der Kray-Wanner Bahn - bis weit auf Gelsenkirchener Stadtgebiet geführt.

Über bereits fertiggestellte Wege des Modellvorhabens Mechtenberg und durch den angrenzenden Rheinelbe-Park erreichen wir an der Virchowstraße das IBA-Projekt „Wissenschaftspark Rheinelbe".

Kartenblatt 11

Wissenschaftspark Rheinelbe

Auf dem Gelände des ehemaligen Gußstahlwerks und der stillgelegten Zeche Rheinelbe wird hier seit 1988 eine Industriebrache zu einem Wissenschaftspark entwickelt. Der erste Abschnitt nördlich der Virchowstraße wurde Anfang 1995 fertiggestellt und beinhaltet als Grundstruktur einen durchgestalteten innerstädtischen Park mit einer großen Wasserfläche, an deren Ostkante die markanten Bauten des Wissenschaftsparks in bewußtem Kontrast zueinander stehen: Das repräsentative Gebäude der ehem. Gußstahlverwaltung, welches jetzt das Gelsenkirchener Arbeitsgericht beherbergt sowie der Neubautrakt des Technologiezentrums mit der 300 m langen Glasarkade. Die auf der Dachfläche installierte Solarenergieanlage hat eine Größe von 2130 qm und speist die Jahresproduktion von 270.000 kWh in das öffentliche Netz ein. Die Entwicklung des südlich der Virchowstraße gelegenen Bereichs beschränkt sich zunächst auf die alten Gebäude der Zeche. Zwei Backsteinbauten sind 1990 zum Sitz der IBA-Emscher Park Planungsgesellschaft ausgebaut worden.

Gleich hinter dem Gelände des Wissenschaftsparks biegen wir von der Virchowstraße nach rechts in einen Park ein. Auf einer ehemaligen Bahntrasse fahren wir zunächst entlang einer begrünten Halde und anschließend durch den Von-Wedelstädt-Park. Innerhalb des Parks biegen wir nach rechts ab und überqueren den Wattenscheider Bach. Nach Unterquerung der „Rheinischen Bahnlinie" im Stadtteil Bochum-Wattenscheid wird der Emscher Park Radweg über Hollandstraße, Watermanns Weg, Hüller Straße und Günningfelder Straße bis in den Regionalen Grünzug D geführt. Eine Anschlußroute führt von der Hollandstraße über die Ückendorfer Straße zum IBA-Projekt Zeche Holland.

Kartenblatt 11

Die Zeche Holland 3/4/6 unweit der Wattenscheider Innenstadt wurde 1872 unter Beteiligung holländischen Kapitals gegründet. 1974 wurde die Kohleförderung und 1984 auch die Personen- und Materialförderung eingestellt. Ein Teil der Zechengebäude wurde danach abgebrochen. Die verbliebenen Gebäude, Förderturm, Kaue und Verwaltungsgebäude stehen unter Denkmalschutz. Es handelt sich hier um die Anfang der 20er Jahre errichteten ersten Planungen der Architektengemeinschaft Schupp/Kremmer. In einem Teil dieser Gebäude wird das Projekt „Eco-Textil" errichtet, das sich mit dem Umweltschutz in der Textil- und Bekleidungsbranche beschäftigt. Am Süd- und Westrand des Geländes ist mit den Schwerpunkten „Wohnen im Alter" und „Betreutes Wohnen" eine öffentlich geförderte Wohnbebauung entstanden. Durchzogen wird das gesamte Gelände von großzügigen Grünflächen. Damit reicht der Regionale Grünzug C bis in die Innenstadt Wattenscheids.

Ein weiterer kurzer Abstecher von der Südroute führt zum unmittelbar nördlich der Eisenbahnbrücke an der Ückendorfer Straße liegenden Doppel-Malakoffturm der Zeche Holland 1/2. Er ist die einzige erhaltene Anlage dieser Art im Ruhrgebiet.

Zeche Holland 1/2

Kartenblatt 12

Von der Kirchstraße in Bochum-Günnigfeld geht es durch Grünflächen parallel zu einer stillgelegten Eisenbahnstrecke im südlichen Grünzug D. An der Hüller-Bach-Straße unterqueren wir diese Bahnlinie.

Von hier aus führt ein Abzweig zur Jahrhunderthalle auf dem ehem. Kruppgelände an der Alleestraße westlich der Bochumer Innenstadt. Diese Route führt über den Kabeisemannsweg vorbei an der Zechenkolonie „Dahlhauser Heide", die als herausragendes Beispiel einer Gartenstadtsiedlung gilt.

Sie wurde in den Jahren 1906 bis 1915 nach den Plänen von Robert Schmohl als Kruppsche Mustersiedlung für die Arbeiter der nahegelegenen Zeche Hannover gebaut. Nicht weit von hier befindet sich die Zeche Carolinenglück, heute noch von der Ruhrkohle für die zentrale Wasserhaltung im südlichen Betriebsgebiet genutzt. Über Schacht 2 dieser Zeche steht der älteste erhaltene Malakoffturm des Ruhrgebiets, noch vor 1850 erbaut. Das markante deutsche Strebengerüst über dem benachbarten Schacht 3 stammt aus dem Jahre 1910/12.

Siedlung Dahlhauser Heide in Bochum-Hordel

Kartenblatt 12

Die Anschlußroute unterquert die Autobahn A 40 in einer etwas versteckt liegenden Fuß-/Radweg-Unterführung von der rechten Fahrbahnseite der Darpestraße aus. Weiter geht es über Goldhammerstraße und „An der Maarbrücke". Wir queren die Gahlensche Straße und gelangen über den großen Parkplatz und die anschließende Rampe unmittelbar zur Jahrhunderthalle.

Jahrhunderthalle

Die Jahrhunderthalle liegt auf einem für Bochum und das Ruhrgebiet industriegeschichtlich sehr bedeutsamen Standort, an dem 1842 die Gußstahlfabrik Mayer und Kühne entstand, die Keimzelle des späteren Bochumer Vereins, einem der früher maßgeblichen Stahlunternehmen des Ruhrgebiets. Das in den 60er Jahren von Krupp übernommene, heute zum Teil brachliegende Industriegelände ist ein IBA-Projekt der Stadt Bochum, das aufgrund seiner Größe und Lage in unmittelbarer Nähe zur Bochumer Innenstadt einen besonderen Stellenwert hat. Langfristig soll hier neben Dienstleistungsbetrieben und Wohnungen eine großzügige Grünvernetzung („Park des 21. Jahrhunderts") entstehen, welche die Innenstadt unmittelbar an den Regionalen Grünzug D des Emscher Landschaftsparks anbinden soll. Die Jahrhunderthalle und das sogenannte Colosseum (eine entfernt an das römische Vorbild erinnernde Stützmauer, in der früher Sozialräume untergebracht waren) sind zwei beeindruckende Bauten aus der Blütezeit des Bochumer Vereins. Die Jahrhunderthalle wurde 1902 als Ausstellungshalle für die Düsseldorfer Industrie- und Gewerbeausstellung konstruiert und danach als Maschinenhalle an der Alleestraße wiederaufgebaut. Sie ist ein hervorragendes Beispiel für die in der zweiten Hälfte des 19. Jahrhunderts verstärkt eingesetzte Stahlkonstruktion im Industriehallenbau.

Kartenblatt 12

Das Besondere sind die bis zum Boden elegant herabgezogenen Bogenbinder, die zur damaligen Zeit eher bei Bahnhofs- und Ausstellungsbauten als bei Produktionshallen Verwendung fanden. Entsprechend vermittelt die dreischiffige Halle dem Besucher im Innern einen fast festlich anmutenden Eindruck (Besichtigung z. Zt. nur im Rahmen von Veranstaltungen).

Zurück zur Hauptroute: Die Südroute des Emscher Park Radweges führt von der Hüller-Bach-Straße über die Holzbrücke und eine anschließende Aufschüttung zur ehem. Zeche Hannover, einem Standort des Westfälischen Industriemuseums (WIM).

Auf einem Acker am Rande des Dorfes Hordel wurden ab 1856 die ersten Schächte der Zeche Hannover abgeteuft. Nach schwierigem Start wuchs die Anlage nach dem Kauf durch Alfred Krupp zur Musterzeche, auf der verschiedene Erfindungen erstmals zum Einsatz kamen. 1973 wurde sie als letzte Bochumer Zeche stillgelegt, die ältesten Kernbauten blieben erhalten und wurden 1981 in das WIM übernommen. Malakoffturm und Maschinenhaus von 1858 (mit einem Lüftergebäude aus den 30er Jahren) bieten heute ein Erscheinungsbild fast wie zur Entstehungszeit. Die Zeche Hannover soll im Rahmen des Westfälischen Industriemuseums das zentrale Thema der Entstehung des Ruhrgebiets dokumentieren: Den Einbruch der Großindustrie in eine ländliche Region, den Zuzug der Bergarbeiterscharen, die sozialen Probleme im Gefolge der planlosen und hektischen Entwicklung innerhalb weniger Jahrzehnte.

Zeche Hannover in Bochum-Hordel, heute ein Standort des Westfälischen Industriemuseums (WIM)

Kartenblatt 12

Von der Zeche Hannover aus führt eine weitere Abzweigroute über Hordeler Straße und Richard-Wagner-Straße zum IBA-Projekt „Neue Nutzung der Hülsmann-Brauerei".

Das Gelände der ehemalige Brauerei mitten in Herne-Eickel ist der Ausgangspunkt für eine neue Entwicklung im Stadtteil. Mit einer neuen, öffentlichen Nutzung des denkmalgeschützten Sud- und Treberhauses, dem Bau von 100 Wohnungen und der Gestaltung des engeren Umfeldes werden wichtige Impulse gesetzt, das Stadtteilzentrum lebendiger und attraktiver zu gestalten.

Die Südroute führt von der Zeche Hannover aus über die Sechs-Brüder-Straße am Nordrand der Siedlung „Dahlhauser Heide" und anschließend entlang des Hofsteder Bachs durch den „Grünzug Nord" der Stadt Bochum. Lediglich an der Poststraße geht es für einige hundert Meter auf der Straße weiter bis zur Querung mit der Herner Straße (B 51). Ca. 100 m nördlich dieser Straßenkreuzung befindet sich der U-Bahnhof „Zeche Constantin" der U 35 (Richtung Herne und Bochum Innenstadt). Kurz darauf geht es nach links in das ebenfalls zum „Grünzug Nord" gehörende landschaftlich reizvolle Naherholungsgebiet der Grummer Teiche.

Von den insgesamt neun Grummer Teichen, die durch Aufstau des Grummer Bachs und eines Nebenlaufs teilweise zum Antrieb von Mühlen entstanden sind (Informationstafeln), berühren wir auf unserer Fahrt die fünf westlichen.

Anschließend fahren wir in einer scharfen Linkskurve die kurze aber erhebliche Steigung des „Wegs am Kötterberg". Auf der Anhöhe setzen wir unseren Weg fort über eine Sportfläche und nach Überquerung der Autobahn A 43 durch ein Waldgebiet auf einer ehem. Zechenbahntrasse. In Bochum-Hiltrop folgt ein kurzes Stück bergab über die Wiescherstraße, dann geht es nach links in die Straße „Im Brennholt", der wir bis in den Hiltroper Volkspark folgen. Nur wenig nördlich von hier liegt der Revierpark Gysenberg in Herne. Um einen Teich herum geht es durch den Volkspark nun wieder bergauf in Richtung Bochum-Gerthe. Hier queren wir den Castroper Hellweg und fahren über Heinrichstraße und Gerther Straße in das Stadtteilzentrum. Ein Schmuckstück der Architektur der Jahrhundertwende stellt das Amtshaus der ehem. selbständigen Gemeinde Gerthe an der Heinrichstraße dar. Weiter geht die Fahrt vom Marktplatz Gerthe aus über Bethanienstraße, Lothringer Straße - vorbei an den Gebäuden der ehem. Zeche Lothringen - Schürbankstraße und Fischerstraße zum Bövinghauser Hellweg, wo der Regionale Grünzug E des Emscher Landschaftsparks erreicht wird. Markant sind hier die beiden unmittelbar am Wegesrand liegenden Wasserbehälter.

Kartenblatt 13

Vom Bövinghauser Hellweg aus gelangen wir über die Bövinghauser Straße in den südlichen Teil des Grünzuges E, der sich durch eine reizvolle Landschaft mit zahlreichen Siepentälern auszeichnet. Wir durchfahren den westlichsten Dortmunder Stadtteil Bövinghausen auf der Neptunstraße sowie der Uranusstraße. Über den Bahnsteig des Bahnhofs Dortmund-Bövinghausen an der Emschertalbahn (bitte absteigen, gefährliche Querrillen am Bahnübergang!) und die Plutostraße gelangen wir in die Kolonie Landwehr („Alte Kolonie") der Zeche Zollern, die auf Jupiterstraße und Rhader Weg durchquert wird.

Die Kolonie Landwehr schließt sich unmittelbar an die Zeche Zollern II/IV an und entstand zeitgleich mit dieser Zeche in den Jahren 1898-1904. Sie wurde als Mustersiedlung von der Gelsenkirchener Bergwerks AG gebaut und ist eine der ersten Gartenstadtsiedlungen im Ruhrgebiet. Es wurden ein Betriebsführerwohnhaus mit Gartenanlage, sieben verschiedene sogenannte Beamtenwohnhäuser mit 28 Wohnungen und 23 Arbeiterhäuser mit 87 Wohnungen gebaut. Die Wohnhäuser der leitenden Angestellten der Zeche, die entlang des heutigen Gruben- und Rhader Weges liegen, dokumentieren schon mit ihrer aufwendigen Fassadengestaltung die soziale Besserstellung der Bewohner. Die Arbeiterhäuser sind dagegen sehr schlicht gehalten.

Kolonie Landwehr, Dortmund-Bövinghausen

Kartenblatt 13

Über den Grubenweg erreichen wir die Zeche Zollern II/IV. Die denkmalgeschützte Anlage ist heute Sitz des Westfälischen Industriemuseums (WIM). Die Kohleförderung wurde 1902 aufgenommen, 1966 stellte die Zeche endgültig den Betrieb ein. Die Gelsenkirchener Bergwerks AG (GBAG) wollte mit dieser Musterzeche in repräsentativer Architektur und modernster Maschinentechnik ihren Rang als größte Bergbaugesellschaft des Reviers dokumentieren. Die Gebäude im Eingangsbereich (Torhäuser, Werkstattgebäude, Pferdestall, Lohnhalle und Verwaltungsgebäude), die sich um den Innenhof gruppieren, wurden als Ziegelbauten im neugotischen Stil des Historismus errichtet. Bei der Maschinenhalle entschied sich die GBAG für die moderne Stahl- und Glasarchitektur des namhaften Jugendstilarchitekten Bruno Möhring, die als repräsentative und bemerkenswerte Architektur die Fortschrittlichkeit des Unternehmens zeigen sollte. Das technische Glanzstück der Halle ist die erste elektrische Gleichstromfördermaschine Deutschlands von 1903. 1969 wurde die damals vom Abriß bedrohte Maschinenhalle unter Denkmalschutz gestellt.

Maschinenhalle Zeche Zollern II/IV

Seit 1981 wird die Anlage schrittweise restauriert und zum Museum ausgebaut. Die originalen Fördergerüste waren bereits kurz nach der Schließung der Zeche verschrottet worden. Sie wurden 1988 durch gleichartige Fördergerüste der abgerissenen Zechen Wilhelmine Victoria in Gelsenkirchen und Friedrich der Große in Herne ersetzt, die hier wiederaufgebaut wurden. Die Zeche Zollern II/IV ist heute ein Architektur- und Technikdenkmal von internationalem Rang.

Gemäß seinem Auftrag, die Kultur des Industriezeitalters und ihre Entwicklung beispielhaft zu erforschen und darzustellen und dabei die Lebensverhältnisse der Menschen in den Mittelpunkt zu stellen, wird der Museumsstandort Zollern nach seiner Fertigstellung die Themen Arbeit und Alltag von Bergleuten und ihrer Familien in der ersten Hälfte

Kartenblatt 13

des 20. Jahrhunderts dokumentieren. Außenanlagen und Maschinenhalle stehen schon jetzt während der Öffnungszeiten offen, die anderen Gebäude im Rahmen von Führungen (Ö: Außengelände täglich 10-18 Uhr, Maschinenhalle sa,so,feiert. 10-18 Uhr, sa und so auch Führungen durch die Gesamtanlage).

Von der Zeche Zollern führt der Emscher Park Radweg über den Rhader Weg und anschließend nach links in den Grünzug F des Emscher Landschaftsparks. Talwärts führt der Weg zunächst durch ein Waldgebiet und weiter entlang des Dellwiger Bachs. Nach Überquerung der Westricher Straße gelangen wir zur Wasserburg Haus Dellwig in Lütgendortmund.

Der heutige Bau stammt im Kern aus dem 13. Jahrhundert, wurde aber nach Zerstörung im Dreißigjährigen Krieg während der Barockzeit verschiedentlich umgebaut und erweitert. In einem Teil der Vorburg ist das Lütgendortmunder Heimatmuseum untergebracht. (Ö: April-Oktober so 10-12.30 Uhr)

Weiter geht es durch das reizvolle Dellwiger Bachtal. Der Dellwiger Bach wurde in den Jahren 1982-86 von der Emschergenossenschaft renaturiert. Er gilt als Prototyp für das Jahrhundertprojekt der Umgestaltung des Emscher-Systems, die im Rahmen der IBA forciert betrieben wird.

Wasserschloß Haus Dellwig

Kartenblatt 13

Über Heribertstraße und Hangeneystraße erreichen wir den Bahnhof Dortmund-Marten. Hinter der Unterführung der Emschertalbahn geht es nach links in einen Weg, dem wir bis zum Friedhof am Wischlinger Weg folgen.

Gleich hinter dieser Straße liegt der Revierpark Wischlingen mit Wellenbad und Aktivarium (Ö: tägl. 8-22 Uhr, fr u. sa bis 24 Uhr). Unweit südlich von hier erstreckt sich das Naturschutzgebiet „Hallerey", ein Bergsenkungssee, der insbesondere im Winter ein Vogelparadies von herausragender Bedeutung ist.

Der Emscher Park Radweg führt nun nach Norden über eine Schnellstraße hinweg und gleich hinter der Brücke rechts in einen Weg zur Sydowstraße. Nach Querung der Rahmer Straße und der Emschertalbahn am Haltepunkt Dortmund-Rahm geht es nach links in den Rahmer Wald, wo wir auf Waldwegen bis zum Schloß Westhusen fahren.

Das heute mitsamt der Nebengebäude als Seniorenwohnheim genutzte Schloß Westhusen wurde 1322 erstmals errichtet und 1620 nach Zerstörung wiederaufgebaut. Die Gräften wurden später trockengelegt, sodaß der Eindruck einer Wasserburg heute nicht mehr besteht.

Über die Schloß-Westhusen-Straße fahren wir bis zum Bahnübergang der Stadtbahnstrecke. 100 Meter links von hier befinden sich die S-Bahn- (S 2) und die Stadtbahn-Haltestelle (U 41/U 47) Dortmund-Westerfilde. Der Emscher Park Radweg folgt der Stadtbahnstrecke nach rechts bis in den dörflichen Ortsteil Obernette. Nach Querung der stark befahrenen Mengeder Straße geht es zunächst über Mooskamp und Fernstraße durch ein „Labyrinth" von Eisenbahnstrecken und anschließend durch den landwirtschaftlich geprägten Raum Niedernette. Entlang der Hauptverkehrsstraße Ellinghauser Straße (zunächst Mehrzweckstreifen, ab Einmündung Deusener Straße Zweirichtungs-Radweg auf der Nordseite) kommen wir zum Dortmund-Ems-Kanal. Hinter der Einmündung Holthauser Straße biegen wir nach links ab und durchqueren die Kleingartenanlage „Voran"

Kartenblatt 14

Östlich der Kleingartenanlage „Voran" zweigt in der anschließenden Aufforstungsfläche von der Südroute des Emscher Park Radwegs ein Abzweig nach Südosten ab, der in einem Bogen die IBA-Projekte des Dortmunder Stadtteils Eving erschließt und weiter östlich in Kemminghausen wieder Anschluß an den Emscher Park Radweg hat. Nach Querung der Grävingholzstraße führt diese Route durch die ab 1898 entstandene Zechenkolonie Exterberg („Alte Kolonie Eving") über Friesenstraße und Körnerstraße zum Wohlfahrtsgebäude am Nollendorfplatz.

Wohlfahrtsgebäude Nollendorfplatz, Dortmund-Eving

Das ehemalige Wohlfahrtsgebäude der Zeche Minister Stein ist ein Denkmal von besonderer Bedeutung für den vom Bergbau geprägten Stadtteil Eving. Es wurde 1906 als Standort zahlreicher Einrichtungen der betrieblichen Sozialpolitik für die Bergarbeiter und Ihre Angehörigen gebaut; u.a. waren hier Badeanstalten, Kindergärten, eine Hauswirtschafts- und Kochschule, eine Wäscherei eine Bibliothek mit Leseraum, zeitweilig auch ein Ledigenheim, ein Beamtenkasino und eine Verkaufsstelle der Werkskonsumanstalt untergebracht.

Bei Schließung der Zeche 1987 hatte das Gebäude seine alte Bedeutung für den Stadtteil längst verloren. Ab 1989 wurde es im Rahmen der IBA denkmalgerecht erneuert und dient seit 1992 als Standort für das Rundfunkbildungszentrum, eine Einrichtung des Deutschen Instituts für publizistische Bildungsarbeit und eine Begegnungsstätte für die Bürger von Eving.

Kartenblatt 14

Westlich des Nollendorfplatzes, über Friesen- und Bergstraße zu erreichen liegt ein weiteres IBA-Wohnprojekt, die bewohnergetragene Erneuerung der Siedlung Fürst Hardenberg. Diese Siedlung im Stadtteil Lindenhorst gehört zu den wenigen architektonisch und städtebaulich geschlossenen Bergarbeitersiedlungen im Dortmunder Raum. Die zwischen 1923 und 1929 erbaute Siedlung soll umfassend nach denkmalpflegerischen und ökologischen Gesichtspunkten erneuert werden.

Vom Wohlfahrtsgebäude fahren wir über Schenkendorfstraße, Jahnstraße und Schillstraße zur Bergstraße und auf dieser weiter bergab zur Evinger Straße (Hauptverkehrsstraße mit Straßenbahn). Hier geht es nach links und gleich anschließend nach rechts in die Deutsche Straße.

Südöstlich dieser Straßenkreuzung liegt das Areal des 1987 als letzte Dortmunder Zeche stillgelegten Bergwerks Minister Stein, um deren Zechenvorplatz die „Neue Evinger Mitte" entsteht. Ein Einkaufszentrum, Wohnungsneubau und Einzelhandel sollen neues Leben auf das Gelände bringen. Ein Service- und Gewerbepark schließt sich auf dem südlichen Teil der Fläche an. Die ehemalige Kaue und der denkmalgeschützte Hammerkopfturm bilden mit Einrichtungen aus Kultur und Freizeit den Übergang zwischen diesen Bereichen. Der 62,4 m hohe 1925/26 errichtete Förderturm über Schacht IV („Emil Kirdorf") mit seiner charakteristischen Hammerkopfform ist das Wahrzeichen von Eving. Er diente als Vorbild für viele später gebaute Doppelfördertürme und ist ein Industriedenkmal ersten Ranges.

Hammerkopf-Förderturm der ehemaligen Zeche Minister Stein

Kartenblatt 14

Vom Vorplatz der Zeche Minister Stein fahren wir über die Amtsstraße und durch eine Grünanlage bis zum Hallenbad und von hier nach links parallel zur Württemberger Straße nach Norden. Nach Querung der Kemminghauser Straße haben wir im Süggel wieder die Südroute des Emscher Park Radweges erreicht.

Dieser verläuft durch die traditionsreichen Erholungswälder des Dortmunder Nordens: Grävingholz und (östlich der B 54) Süggel, anschließend durch eine landwirtschaftlich geprägte Landschaft auf dem Eving-Kemminghauser Landrücken, wo sich nach Norden wie nach Süden weite Ausblicke bieten.

An dem ehemaligen Wetterschacht V der Zeche Minister Stein, der heute als beliebte Aussichts-Gaststätte genutzt wird, biegen wir nach rechts ab in die Straße „Am Beisenkamp" und fahren nach Querung der Kemminghauser Straße geradeaus weiter auf einem Radweg in den Stadtteil Kirchderne. An der Stadtbahn-Haltestelle „Franz-Zimmer-Siedlung" (U 42) queren wir die Derner Straße und fahren über Gruwellstraße, Speckacker, Baukamp bis zum Bahnübergang, wo wir nach links in die Dörner Straße abbiegen. Weiter geht es durch Glimmerstraße, Beylingstraße und gleich hinter dem Bahnübergang nach links in die Derner Bahnstraße.

Nördlich von hier liegt der Stadtteil Derne. Rund 100 Jahre beherrschten die Fördertürme und Gebäude von Zeche, Kokerei und Kraftwerk das Ortsbild. Die Zeche Gneisenau, die 1886 die Förderung aufnahm und sich nach Übernahme durch die Harpener Bergbau AG zu einer der größten Verbundzechen des Ruhrbergbaus entwickelte, wurde 1985 stillgelegt.

Nach der Stillegung auch der Kokerei 1989 und des Kraftwerks 1990 und dem mittlerweile erfolgten Abriß der meisten Hochbauten treten die beiden noch vorhandenen, unter Denkmalschutz stehenden Fördergerüste umso deutlicher hervor. Der Schacht 4 mit Doppelbockgerüst und noch vorhandenen Dampffördermaschinen von 1933/34 diente bis 1963 als Zentralförderung, später als Materialschacht, heute in Verbindung mit einer Elektro-Fördermaschine der Wasserhaltung, damit das Nachbar-Bergwerk Haus Aden nicht überflutet wird. Das ebenfalls noch vorhandene Fördergerüst über dem ehemaligen Schacht 2 der Zeche Gneisenau ist der einzige noch vorhandene Vertreter der Bauform des Tomson-Bocks im Ruhrgebiet - ein Industriedenkmal ersten Ranges. Das Bockgerüst wurde 1885/86 errichtet, es handelt sich um eine Sonderform des englischen Bockgerüstes, die auf Betreiben des Bergwerkdirektors E.Tomson im Ruhrgebiet insbesondere bei der Harpener Bergbau AG weite Verbreitung fand, noch vor dem 1. Weltkrieg aber weitgehend von dem wirtschaftlicheren deutschen Strebengerüst abgelöst wurde.

Kartenblatt 14

Der Emscher Park Radweg führt weiter über Graebnerstraße, In der Liethe und nach Querung der Flughafenstraße geradeaus bis zur Stadtbahn-Endhaltestelle „Grevel" (U 42) Hier bewegen wir uns bereits im Regionalen Grünzug G - Seseke-Landschaftspark. Über die Bönninghauser Straße erreichen wir den auf einer Anhöhe liegenden Wasserturm.

Zeche Gneisenau, Dortmund-Derne

Kartenblatt 15

Der Wasserturm an der Roten Fuhr, auch „Lanstroper Ei" genannt, bildet einen weithin sichtbaren, landschaftsprägenden Orientierungspunkt. Der 1905/06 von der renomierten Dortmunder Stahlbau-Firma August Klönne erbaute, 35 m hohe Hochbehälter des Typs Barkhausen (nach dem Konstrukteur benannt) mit einem Fassungsvermögen von 2000 cbm Wasser diente bis 1980 der Versorgung des Dortmunder Nordens und Teilen von Lünen.

Wasserturm „Lanstroper Ei"

Ca. 300 m westlich des Wasserturms liegt an der gegenüberliegenden Straßenseite der Luftschacht Rote Fuhr. Der zunächst für die Zeche Preußen II in Lünen bestimmte Wetterschacht wurde 1928 in Betrieb genommen und gehörte später der Zeche Gneisenau. Die gesamte Anlage ist in einem Guß in expressionistischer Ziegelarchitektur ausgeführt. In der plastischen Durchformung aller Baukörper sowie der harmonischen Zusammenfügung zeigt sich bei dieser kleinen Anlage exemplarisch der Wille der Bergbaugesellschaften der damaligen Zeit, die Übertageanlagen mit hohen ästhetischen Werten zu versehen. Leider befindet sich die unter Denkmalschutz stehende Anlage seit der Stillegung im Jahre 1986 aufgrund fehlender Folgenutzung in einem desolaten Zustand.

Kartenblatt 15

Nordöstlich des Wasserturms liegt in einer Senke der Stadtteil Lanstrop und westlich daneben das Naturschutzgebiet Lanstroper See. Hier begannen die bergbaubedingten Senkungen 1963. In nur vier Jahren entwickelte sich aus einer „Pfütze" ein acht Hektar großer See. Der Bereich des Naturschutzgebietes umfaßt den Lanstroper See mit gut ausgebildeten Schwimmblattgesellschaften, ausgedehnten Röhrichtbeständen und sumpfigem Ufergebüsch, den Hienbergwald, einen strauch- und krautreichen Hainbuchen-Birkenwald und Feuchtwiesen, Großseggenriede und Süßwasserröhrichtbestände.

Das Gebiet weist aufgrund seiner hohen strukturellen Vielfalt eine artenreiche Pflanzen- und Tierwelt auf, der See hat sich zu einem Wasservogelbiotop von großer Bedeutung entwickelt. In einer kleinen Grünanlage am Ortseingang von Lanstrop befindet sich ein weiteres der zahlreichen Dortmunder Wasserschlösser, Haus Wenge aus dem 16. Jahrhundert, das bis heute bewohnt wird.

Weiter geht es auf dem Emscher Park Radweg über die Straße Wasserfuhr und dann nach Süden auf dem Ramsloher Weg in Richtung Kurler Busch. Nachdem wir dieses Waldgebiet durchfahren haben, ist die Stadtgrenze von Dortmund und Kamen erreicht. In Kamen-Methler stoßen wir auf die Lindenallee. Nach rechts geht es hier in das Ortszentrum und zum Bahnhof Kamen-Methler. Der Emscher Park Rad-

Emscher Park Radweg bei Alt-Methler

Kartenblatt 15

weg führt jedoch nach links und gleich darauf nach rechts durch einen Verbindungsweg zum Wilhelm-Busch-Ring. Weiter geht es über Max-Planck-Straße, Heimstraße, Am Langen Kamp und über einen Radweg entlang von Sportanlagen zur Germaniastraße. Über diese erreichen wir nach Querung der Westicker Straße das Ortszentrum von Alt-Methler.

Umgeben von einigen malerischen Fachwerkhäusern liegt hier am idyllischen Lutherplatz die Margarethenkirche, ein Bauwerk von hohem künstlerischen Rang. Die spätromanische dreischiffige Hallenkirche aus grünem Sandstein stammt aus dem 13. Jahrhundert, der Turm aus dem 12. Jahrhundert. Im Innern (Besichtigungsmöglichkeit: mi 15 - 17.30 Uhr) sind reich geschmückte Kapitelle sowie die Wand- und Gewölbemalereien aus der Erbauungszeit der Kirche sehenswert.

Die letzte Etappe der Südroute des Emscher Park Radwegwegs führt uns von Alt-Methler über Gantenbach, Weddinghofer Kirchweg, Altenmethler, Mühlenstraße und Wilhelm-Bläser-Straße durch eine landwirtschaftlich geprägte Landschaft in Richtung Kamener Innenstadt. Nachdem der Körnebach überquert ist, führt die Wilhelm-Bläser-Straße vorbei an einem Gewerbegebiet auf der südlichen und Sportanlagen auf der nördlichen Seite.

Östlich der Sportanlagen stoßen wir auf den Rad-/Fußweg „Eilater Weg" auf einer ehemaligen Zechenbahntrasse, der sich nach Norden bis Bergkamen als beschilderter Verbindungsweg zur Nordroute fortsetzt (s. Kartenblatt 7). Unmittelbar nördlich der Seseke liegt an diesem Weg das IBA-Projekt in der Stadt Kamen.

Der Wohn- und Technologiepark Monopol entsteht auf einem 34 Hektar großen ehemaligen Zechengelände nahe der Innenstadt. 1873 wurde hier der erste Schacht Grillo I durch die Gewerkschaft „Monopol" niedergebracht. Die Zechengründung hatte einschneidende Bedeutung für die weitere Entwicklung der Stadt, deren Einwohner bis dahin größtenteils von Landwirtschaft und Handwerk lebten: Kamen wurde eine „Bergmannsstadt". 1983 wurde die Zeche Monopol im Zuge der Nordwanderung des Bergbaus in die Nachbarstadt Bergkamen stillgelegt. Den neuen Nutzungen und der Gestaltung des ehemaligen Zechengeländes, dessen erhaltenswertes Fördergerüst die Ruhrkohle AG auch weiterhin als Wetter- und Reparaturschacht nutzt, liegt ein integriertes Entwicklungskonzept zugrunde. Die ehemaligen Verwaltungsgebäude wurden bereits zu einem Gründer- und Technologiezentrum umgebaut. Ein Gewerbeareal für Produktion und Dienstleistungen schließt sich unmittelbar an. Im östlichen Teil des Parks wird auf der Grundlage eines städtebaulichen Wettbewerbs das 280 Wohnungen umfassende Projekt „Gartenstadt Seseke-Aue" mit hoher Wohn- und Freiraumqualität realisiert. Eine besondere Attraktion und wichtiger ökologischer Baustein zur Entwicklung des Emscher Landschaftsparks in seinem östlichsten Teil ist der naturnahe Umbau der Seseke, die den Süden des Geländes durchfließt.

Kartenblatt 15

Nur wenig weiter östlich des Wohn- und Technologieparks Monopol befindet sich die Innenstadt Kamens, die in einigen Bereichen, so am historischen Marktplatz, noch den Charakter des alten Ackerbürgerstädtchens verspüren läßt. Auch das Wahrzeichen der Stadt ist hier anzutreffen, der romanische Turm der Pauluskirche aus dem 11. Jahrhundert mit seinem schief konstruierten Turmhelm. Das heutige Kirchenschiff entstand 1844-49 im klassizistischen Stil Schinkel'scher Prägung.

Endpunkt der Südroute des Emscher Park Radweges ist der Bahnhof Kamen, den wir vom Eilater Weg über Westicker Straße und die Straße „Am Bahnhof" erreichen.

Der klassizistische Bahnhofsbau entstand kurz nach Eröffnung der Köln-Mindener Eisenbahn im Jahre 1847. Aus der Erbauungszeit dieser für die Entwicklung des Ruhrgebiets von entscheidender Bedeutung gewesenen Bahnstrecke ist in Kamen noch die fünfbogige Brücke über die Seseke erhalten.

Bahnhof Kamen. Endpunkt der Südroute des Emscher Park Radwegs

Im „Umweltverbund" auf dem Emscher Park Radweg - Das Fahrrad ist in Bussen und Bahnen willkommen.

Beim Emscher Park Radweg wurde besonderer Wert auf eine gute Verknüpfung mit dem öffentlichen Nahverkehr gelegt. In Kombination mit einer Bahnfahrt lassen sich so auch Teilabschnitte problemlos erkunden. Wenn der Emscher Park Radweg nicht direkt an den Bahnhöfen vorbeiführt, sind die Anbindungswege in der Karte gekennzeichnet, zum Teil sind sie auch in der Örtlichkeit beschildert.

Bahnhöfe und Haltestellen im Bereich des Emscher Park Radwegs
DB-Schienverkehr, U-Stadtbahn und Straßenbahn

Bahnhof/Haltestelle	VRR-Linie	Richtung
Nordroute:		
Duisburg-Ruhrort	RB 93	Oberhausen
	Straßenbahn 901	Du-Mitte/Hbf
		DU-Hamborn
Duisburg Meiderich Süd	RB 93	Oberhausen
		Duisburg-Ruhrort
Duisburg-Meiderich, Am Zuschlag	Straßenbahn 903	Du-Hbf/Mitte
		DU-Hamborn
Oberhausen Hbf	SE 3	Duisburg/Mönchengladbach
		Gelsenkirchen/Dortmund
	S 2	Duisburg
		Gelsenkirchen/Dortmund
	S 3	Mülheim/Essen
	RB 23, RB 24	Bottrop/Dorsten
	RB 93	Duisburg-Ruhrort
	RB 96	Dinslaken/Wesel
E-Frintrop, Unterstraße	Straßenbahn 105	Essen-Mitte/Hbf
Essen-Dellwig	S 2	Oberhausen/Duisburg
		Gelsenkirchen/Dortmund
	Straßenbahn 103	Essen-Mitte
Essen-Dellwig Ost	RB 9	Essen Hbf/Wuppertal
Bottrop-Vonderort	RB 23, RB 24	Bottrop Hbf/Dorsten
		Bottrop Hbf/Haltern
		Oberhausen
Bottrop Hbf	RB 9	Essen Hbf/Wuppertal
		Gladbeck/Haltern
	RB 23, RB 24	Gladbeck/Dorsten
		Oberhausen
Bottrop-Boy	RB 9	Essen Hbf/Wuppertal
		Gladbeck/Haltern
	RB 23	Gladbeck/Dorsten
		Bottrop/Oberhausen
E-Karnap, Arenbergstraße	Straßenbahn 101	Essen-Mitte/Hbf
	Straßenbahn 106	Essen-Mitte/Hbf
		Gelsenkirchen-Horst

Bahnhof/Haltestelle	Linie	Richtung
Nordroute (Forts.):		
Ge-Schalke, Stadthafen	Straßenbahn 302	Gelsenk.-Altstadt/Hbf Gelsenk.-Buer
Ge-Bismarck, Ruhrzoo	Straßenbahn 301	Gelsenk.-Altstadt/Hbf Gelsenk.-Buer/-Horst
Wanne-Eickel Hbf	SE 2, S 2, RB 20 SE 2 SE 3 SE 3, S 2 S 2 RB 20 RB 34 RB 48 Straßenbahn 306	Gelsenkirchen/Essen Recklinghausen/Münster Oberhausen/Mönchengladbach Castrop-R./Dortmund Oberhausen/Duisburg Recklinghausen/Haltern Bochum Hbf Castrop Süd/Dortmund Herne-Eickel/Bochum
Recklinghausen Süd	RB 20	Recklinghausen/Haltern Gelsenkirchen/Essen
Herne, Schloß Strünkede	Stadtbahn U 35	Bochum-Mitte/Hbf
Herne Bf	SE 3, S 2 SE 3 S 2	Castrop-R./Dortmund Oberhausen/Mönchengladbach Oberhausen/Duisburg Gelsenkirchen/Essen
Castrop-Rauxel Hbf	SE 3, S 2 SE 3 S 2	Dortmund Oberhausen/Mönchengladbach Oberhausen/Duisburg Gelsenkirchen/Essen
Lünen-Brambauer, Verkehrshof	Stadtbahn U 45, U 49	Dortmund Hbf/Mitte
Lünen Hbf	RB 46 DB 411 DB 412	Dortmund Münster (kein VRR!) Coesfeld (kein VRR!)
Preußen (keine direkte Zufahrt während der LaGa 96)	RB 46 DB 411 DB 412	Dortmund Münster (kein VRR!) Coesfeld (kein VRR!)
Werne a d Lippe	DB 411	Münster (kein VRR!) Dortmund (bis Lünen kein VRR!)
Hamm (Westf) (kein VRR!)	DB 400 (SE 1) DB 410 DB 415 (SE 1) DB 430 DB 455	Heessen/Bielefeld Münster Dortmund/Essen Soest/Kassel Unna/Hagen
Heessen (kein VRR!)	DB 400 (SE 1)	Bielefeld Hamm/Dortmund/Essen
Südroute:		
Duisburg Hbf	SE 1 SE 3, RB 30 SE 3, S 2 S 1/S 21 RB 96 RB 98 Stadtbahn U 79 Straßenbahn 901 Straßenbahn 903	Düsseldorf/Köln Essen/Dortmund Krefeld/Mönchengladbach Gelsenkirchen/Dortmund Essen/Dortmund Düsseldorf Oberhausen/Wesel Moers/Xanten Düsseldorf DU-Ruhrort/-Hamborn Mülheim DU-Meiderich/Dinslaken DU-Hüttenheim
Duisburg, Rathaus	Straßenbahn 901	DU-Ruhrort/-Hamborn DU-Hbf/Mülheim
Duisburg, Duissern	Stadtbahn U 79 Straßenbahn 903	DU-Hbf/Düsseldorf DU-Hbf/DU-Hüttenheim DU-Meiderich/Dinslaken

Bahnhof/Haltestelle	Linie	Richtung
Südroute (Forts.):		
Duisburg, Ruhrau	Straßenbahn 903	DU-Hbf/DU-Hüttenheim DU-Meiderich/Dinslaken
Mülheim-Styrum	S 1/S 21 S 3 Straßenbahn 110	Duisburg/Düsseldorf Essen/Dortmund Oberhausen Essen/Hattingen MH-Stadtmitte/Flugh.
Mülheim, Landwehr	Straßenbahn 112	MH-Stadtmitte
Mülheim-Dümpten, Auf dem Bruch	Straßenbahn 102	MH-Stadtmitte
Mülheim-Heißen, Rosendeller Straße	Stadtbahn U 18	Essen Hbf/Mitte Mülheim Hbf
Essen-Schönebeck, Lautstraße	Straßenbahn 104	Essen-Mitte/Hbf Mülheim-Mitte/Hbf
Essen-Borbeck	RB 9 RB 24 Straßenbahn 103	Essen Hbf/Wuppertal Bottrop/Haltern Essen Hbf Bottrop/Dorsten Essen-Mitte
Essen-Bergeborbeck	S 2 Straßenbahn 106,115	Oberhausen/Duisburg Gelsenkirchen/Dortmund Essen-Mitte/Hbf
Essen-Altenessen, Badeanstalt	Straßenbahn 101,106 Straßenbahn 101 Straßenbahn 106	Essen-Mitte/Hbf E-Karnap E-Karnap, Ge-Horst
Essen-Altenessen, Bf	SE 3, S 2 SE 3 S 2	Gelsenkirchen/Dortmund Duisburg/Mögladbach Oberhausen/Duisburg
Essen-Katernberg Süd Bf	S 2 Straßenbahn 107,127 Straßenbahn 127	Gelsenkirchen/Dortmund Oberhausen/Duisburg Essen-Mitte/Hbf Gelsenkirchen
Essen-Kray Nord	RB 20	Essen Hbf Gelsenkirchen/Haltern
Gelsenkirchen Hbf	SE 2, S 2, RB 20 SE 2 SE 3, S 2 SE 3 S 2 RB 20 RB 34 Straßenbahn 301 Straßenbahn 302	Essen Hbf Recklinghausen/Münster Herne/Dortmund Duisburg/Mögladbach Oberhausen/Duisburg Recklinghausen/Haltern Wanne-Eickel/Bochum Ruhrzoo/GE-Buer Bochum
Bochum-Wattenscheid, Watermannsweg	Straßenbahn 302	Bochum-Mitte/Hbf GE Hbf/-Buer
Bochum, Hordeler Straße	Straßenbahn 306	Wanne-Eickel Hbf Bochum-Mitte/Hbf
Bochum-Hamme	RB 34	Wanne-Eickel/Gelsenk. Bochum Hbf
Bochum, Zeche Constantin	Stadtbahn U 35	Herne/Schloß Strünkede Bochum Hbf/Uni
Bochum-Gerthe, Heinrichstraße	Straßenbahn 308 Straßenbahn 318	Bochum Mitte/Hattingen BO-Mitte/BO-Dahlhausen
Dortmund-Bövinghausen Dortmund-Lütgendortmund Nord Dortmund-Marten Dortmund-Rahm (nicht an so u. feiert)	RB 48	Castrop/Herne Dortmund Hbf

Bahnhof/Haltestelle	Linie	Richtung
Südroute (Forts.):		
Dortmund-Huckarde	S 2	Dortmund Hbf Herne/Duisburg/Essen
Dortmund-Westerfilde	S 2	Dortmund Hbf Herne/Duisburg/Essen
	Stadtbahn U41, U47	Dortmund Hbf/Mitte
Dortmund-Eving, Grävingholz	Stadtbahn U45, U49	Dortmund Hbf/Mitte Lünen-Brambauer
Dortmund-Kirchderne, Franz-Zimmer-Siedlung	Stadtbahn U42	Dortmund-Mitte Dortmund-Grevel
Dortmund-Derne	RB 46	Dortmund Hbf Lünen/Münster/Coesfeld
Dortmund-Grevel	Stadtbahn U42	Dortmund-Mitte
Dortmund-Kurl Kamen-Methler Kamen	SE 1	Kamen/Hamm/Bielefeld Dortmund/Duisburg

Die Mitnahmemöglichkeiten für Fahrräder sind im Verkehrsverbund Rhein-Ruhr (VRR), mit dem alle am Wege liegenden Bahnhöfe erreichbar sind (Ausnahmen: Werne, Hamm und Heessen), besonders günstig: In den Bussen und Bahnen im VRR gibt es extra Plätze für's Fahrrad: In Bus, Straßenbahn und Stadtbahn bitte an den Türen mit Kinderwagensymbol einsteigen, in S-Bahnen da, wo ein Fahrradsymbol ist. Auch der StadtExpress, die RegionalBahn und der RegionalExpress der Deutschen Bahn AG nehmen Fahrräder mit. Das Fahrrad bringt man hier in den Einstiegsräumen oder wenn vorhanden im Fahrradabteil unter.

Für die Fahrradmitnahme gilt folgender Fahrplan:

	Bus, Straßenbahn und Stadtbahn	S-Bahn, SE, RE, RB der Deutschen Bahn AG
Montag bis Freitag	Bitte bei den jeweiligen Verkehrsunternehmen erfragen	9.00-15.30 Uhr ab 18.00 Uhr *
Samstag	ab 15.00 Uhr	den ganzen Tag
Sonntag	den ganzen Tag	den ganzen Tag
Feiertag	den ganzen Tag	den ganzen Tag

* In Zügen mit Fahrradabteil keine zeitliche Einschränkung. Die Sperrzeiten werden während der Sommerferien in Nordrhein-Westfalen i.d.R. aufgehoben. Nähere Informationen an den Bahnhöfen.
Für die Benutzung von InterRegio-Zügen gelten besondere Bestimmungen

Tickets für das Fahrrad bekommt man an jeder VRR-Verkaufsstelle, am Automaten oder beim Fahrer. Die günstigste Lösung für Gruppen: Mit dem TagesTicket können bis zu 5 Personen einen ganzen Tag lang unterwegs sein. Pro Fahrrad und Fahrt ist jeweils ein ZusatzTicket fällig. Dieses kostet DM 2,40 - egal wie weit die Fahrt im VRR-Gebiet geht. Besitzer des Ticket 2000 benötigen für die Fahrrad-Mitnahme kein ZusatzTicket.

Weitere Informationen sind bei den Verkehrsunternehmen erhältlich oder beim Verkehrsverbund Rhein-Ruhr:

Bochum-Gelsenkirchener Straßenbahnen AG
Universitätsstraße 58, 44789 Bochum
Tel. (0234) 303-2222

Dortmunder Stadtwerke AG
Deggingstr. 40, 44141 Dortmund
Tel. (0231) 955-3388-2248

Duisburger Verkehrsgesellschaft AG
Mülheimer Str. 72-74, 47057 Duisburg
Tel. (0203) 395-551/2/3

Essener Verkehrs-Aktiengesellschaft
Zweigertstr. 34, 45130 Essen
Tel. (0201) 826-1234

Straßenbahn Herne Castrop-Rauxel GmbH
An der Linde 41, 44627 Herne
Tel. (02323) 3893-24/26

Vestische Straßenbahnen GmbH
Westerholter Str. 550, 45701 Herten
Tel. (02366) 186-186

Betriebe der Stadt Mülheim a.d.Ruhr
Duisburger Str. 78, 45479 Mülheim an der Ruhr
Tel. (0208) 4439-118/128/182

Stadtwerke Oberhausen AG
Max-Eyth-Str. 62, 46149 Oberhausen
Tel. (0208) 835-816/821/822/833

Deutsche Bahn AG
Am Hauptbahnhof 5, 45127 Essen
Tel. (0201) 19419

Verkehrsverbund Rhein-Ruhr GmbH
Bochumer Str. 4, 45879 Gelsenkirchen
Tel. (0209) 19449

Praktische Informationen

Weitere touristische Informationen sind bei den Ämtern für Öffentlichkeitsarbeit sowie den Verkehrsvereinen der Städte am Emscher Park Radweg zu bekommen:

Bergkamen
Stadt Bergkamen
Öffentlichkeitsarbeit
Rathaus
Hubert-Biernat-Straße 15
59192 Bergkamen
Tel (02307)965-277
Fax (02307)69299

Bochum
Stadt Bochum
Amt für Verkehrs- und Wirtschaftsförderung, Stadtwerbung
Junggesellenstraße 8
44777 Bochum
Tel (0234)910-3578
Fax (0234)910-3972

Verkehrsverein Bochum
Im Hauptbahnhof
44787 Bochum
Tel (0234)13031
Fax (0234)65727

Bottrop
Stadt Bottrop
Stadtinformationsbüro
Gladbecker Straße 13
46215 Bottrop
Tel (02041)265464/66
Fax (02041)265467

Castrop-Rauxel
Stadt Castrop-Rauxel
Presse- und Informationsamt
Europaplatz 1
44575 Castrop-Rauxel
Tel (02305)106-1
Fax (02305)106-2266

Dortmund
Informations- und Presseamt
der Stadt Dortmund
Friedensplatz 3
44122 Dortmund
Tel (0231)50-22170

Dortmunder Verkehrsverein e.V.
Königswall 20 (gegenüber Hbf)
44137 Dortmund
Tel (0231)50-22276

Stadt- und Touristinformation,
Zimmervermittlung
Tel (0231)140341, 5022174
Fax (0231)163593

Duisburg	Duisburg Agentur Stadtinformation Königstraße 53 Tel (0203) 305 25-61 Fax (0203) 30525-62
Essen	Fremdenverkehrsamt Porscheplatz 1 45127 Essen Tel (0201) 88-35 64 Fax (0201) 88-5409
	Tourist-Information, FIRST - Reisebüro, im Haus der Technik, Hollestr. 1 45127 Essen Tel (0201) 8 10 60 81 Fax (0201) 8106082
Gelsenkirchen	Stadt Gelsenkirchen Stabsstelle Öffentlichkeitsarbeit Ebertstraße 15 45875 Gelsenkirchen Tel (0209) 169-0 Fax (0209) 169-200625
	Verkehrsverein Gelsenkirchen e.V. Ebertstraße 15 45875 Gelsenkirchen Tel (0209) 23376 Fax (0209) 29698
Gladbeck	Stadt Gladbeck Amt für Stadtmarketing und Öffentlichkeitsarbeit Willy-Brandt-Platz 2 45956 Gladbeck Tel (0 20 43) 99-23 19 Fax (0 20 43) 99-1130
Hamm	Stadt Hamm Kultur- und Fremdenverkehrsamt Caldenhofer Weg 159 59061 Hamm Tel (0 23 81) 17-55 11 Fax (0 23 81) 17-2971
	Verkehrsverein Hamm e.V. Bahnhofsplatz 59065 Hamm Tel (0 23 81) 23400
Herne	Stadt Herne Presse- und Informationsamt Friedrich-Ebert-Platz 2 44621 Herne Tel (0 23 23) 16-24 00
	Verkehrsverein Herne Berliner Platz 11 44623 Herne Tel (0 23 23) 16-28 44

Herten	Stadt Herten Presseamt Kurt-Schumacher-Straße 2 45699 Herten Tel (02366)303262 Fax (02366)303255
Kamen	Stadt Kamen Presse- und Öffentlichkeitsarbeit Rathausplatz 1 59174 Kamen Tel (02307)148180-184 Fax (02307)148140 Heimat- und Verkehrsverein Markt 1 59174 Kamen Tel (02307)148459
Lünen	Stadt Lünen Referat für Öffentlichkeitsarbeit Willy-Brandt-Platz 1 44530 Lünen Tel (02306)104-501
Mülheim an der Ruhr	Stadtinformationscenter Viktoriastraße 17-19 45468 Mülheim an der Ruhr Tel (0208)455-9902
Oberhausen	Stadt Oberhausen Presse- und Werbeamt Rathaus 46042 Oberhausen Tel (0208)825-2568 Fax (0208)825-5130 Verkehrsverein Oberhausen Berliner Platz 4 46045 Oberhausen Tel (0208)805051 Fax (0208)21748
Recklinghausen	Stadt Recklinghausen Amt für Öffentlichkeitsarbeit Rathausplatz 3 45657 Recklinghausen Tel (02361)50-1351 Fax (02361)50-1352
Waltrop	Stadt Waltrop Amt für Presse- und Öffentlichkeitsarbeit Münsterstraße 1 45731 Waltrop Tel (02309)930-237 Fax (02309)930-300

Tips zu empfehlenswerten Reiseführern und weiterer Literatur

Im folgenden werden empfehlenswerte Reiseführer des Ruhrgebiets und weitere Literatur zur vertiefenden Lektüre aufgelistet. Der örtliche Buchhandel hält darüber hinaus zahlreiche Bücher und Broschüren zu den Themen Geschichte, Natur, Kunst, Industriekultur und Erholung im Ruhrgebiet bereit.

Fahr Rad. Unterwegs an Rhein und Ruhr
40 Radtouren mit Bus und Bahn.
Herausgegeben in Kooperation mit dem Verkehrsverbund Rhein-Ruhr
Zeitgeist-Verlag, Düsseldorf 1994

Die schönsten Radtouren im Östlichen Ruhrgebiet
von Irmgard Krusenbaum und Peter Margenau
Bielefelder Verlagsanstalt, Bielefeld 1993

RegionalRadGeber 12: Ruhrgebiet
von Mattias Thomes
Verlag Wolfgang Kettler, Neuenhagen bei Berlin 1995

Baedeker Allianz Reiseführer Ruhrgebiet
Verlag Karl Baedeker, Ostfildern. 4.Aufl. 1994

Vor Ort im Ruhrgebiet
Ein Geographischer Exkursionsführer
Verlag Peter Pomp, Essen 1993

DuMont Kunst-Reiseführer Das Ruhrgebiet
von Thomas Parent
DuMont Buchverlag, Köln 1984

Geo Spezial Ruhrgebiet
Verlag Gruner + Jahr, Hamburg 1989

Im Tal der Könige
Ein Reisebuch zu Emscher, Rhein und Ruhr
von Roland Günter
Klartext Verlag, Essen 1994

Im Herzen des Ruhrgebietes:
Der Emscher Park Wanderweg
von Michael Thieses
Hrsg.: IBA Emscher Park und Verlag Peter Pomp, Essen 1994

MERIAN Ruhrgebiet
Hoffmann und Campe Verlag, Hamburg 1993

Türme Tümpel Abenteuer -
Reiseführer für Kinder
Hrsg.: Kommunalverband Ruhrgebiet.
Essen 1995

Emscher Park Radweg - Gastgeberverzeichnis

Dieses Gastgeberverzeichnis gibt die Möglichkeit, mit der Radwanderkarte eine ganz persönliche Mehrtagestour dieser erlebnisreichen Radwanderrouten zusammenzustellen. Über 100 Beherbergungsbetriebe sind hier aufgelistet. Ob das bescheidene Jugendgästehaus, der gemütliche Landgasthof oder das Cityhotel gefragt sind, für jeden Anspruch und Geldbeutel läßt sich sicher aus diesem Angebot das Geeignete finden. Alle aufgeführten Häuser liegen direkt oder maximal bis 10 Radfahrminuten Entfernung an der ausgeschilderten Nord- bzw. Südroute des Emscher Park Radweges.

Preisstand: Sommer 1995

BZ Bettenzahl
EZ Einzelzimmer
DZ Doppel-/Zweibettzimmer

Anschrift	Telefon	BZ	Preis EZ von-bis	Preis DZ von-bis
Kartenblatt 1				
Duisburg-Ruhrort/Meiderich	Vorwahl: (0203)			
Hof von Holland Bergiusstraße 46 47119 DU-Ruhrort	81824	10	41-60	82-100
Hotel Kuhl Neumarkt 7/9 47119 DU-Ruhrort	809880	18	48-60	110-130
Hotel La Vigie Kasteelstraße 1 47119 DU-Ruhrort	800550	22	155	199
Hotel Jacqueline Westender Straße 16 47137 DU-Meiderich	444625	24	50	74-94
Kartenblatt 2				
Oberhausen	Vorwahl: (0208)			
Hotel-Restaurant „Haus Union" Schenkendorfstraße 13 46047 Oberhausen	878893	12	90	130

Anschrift	Telefon	BZ	Preis EZ von-bis	Preis DZ von-bis
Kartenblatt 2 (Forts.)				
Bottrop	Vorwahl: (02041)			
Billard-Eck Essener Straße 21-23 46236 Bottrop	698521	30	40	70
Brauhaus-Hotel Gladbecker Straße 78 46236 Bottrop	24890-92	45	95-110	140-160
City-Hotel Osterfelder Straße 9 46236 Bottrop	23048	54	95	120
Hotel Große Wilde Gladbecker Straße 207 46240 Bottrop	94022	30	80	100-120
Kolpinghaus Pfarrstraße 8 46236 Bottrop	22248	8	70-80	120-130
Hotel Sackers Kirchhellener Straße 226 46240 Bottrop	92344	40	80-100	100-140
Ramada-Hotel Paßstraße 6 46236 Bottrop	168-0	156	167-217	184-234
Kartenblatt 3				
Bottrop-Boy	Vorwahl: (02041)			
Jägerhof Kraneburgstraße 110 46240 Bottrop-Boy	42013	19	40	100
Gladbeck	Vorwahl: (02043)			
Motel Van der Valk Bohmertstraße 333 45964 Gladbeck	6980	153	110	130

Anschrift	Telefon	BZ	Preis EZ von-bis	Preis DZ von-bis
Kartenblatt 3 (Forts.)				
Gelsenkirchen-Erle/Resse	Vorwahl: (0209)			
Hotel Verkehrshof Willy-Brandt-Allee 54 45891 Gelsenkirchen	777081	90	55-110	100-175
Hotel Kläsener Darler Heide 30 45891 Gelsenkirchen	72695/ 789910	60	30-95	70-150
Hotel Europäischer Hof Ewaldstraße 79 45892 Gelsenkirchen	75385	22	ab 60	ab 100
Kartenblatt 4				
Herten	Vorwahl: (02366)			
Hotel am Schloßpark Resser Weg 36 45699 Herten	800050	59	120-130	140-160
Hotel Lauer Gartenstraße 59 45699 Herten	31081-83	23	90-100	120-140
Hotel Feldmann Kurt-Schumacher-Straße 7 45699 Herten	35126	24	80-90	150
Vestischer Hof Ewaldstraße 132 45699 Herten	10750	35	63	110

Anschrift	Telefon	BZ	Preis EZ von-bis	Preis DZ von-bis
Kartenblatt 4 (Forts.)				
Herne-Wanne	Vorwahl: (02325)			
Hotel „Alt Crange" Alt Crange 15 44653 Herne	79947/48	30	72	118
Hotel „Sassenhof" Dorstener Straße 377a 44653 Herne	71175	13	75	115
Herne	Vorwahl: (02323)			
Parkhotel Schaeferstraße 111 44623 Herne	52047/48	73	90-105	140-160
Hotel „Zur Post" Poststraße 9 44629 Herne	52054/55	32	80-100	140
Hotel Sicking Bahnhofstraße 26 44623 Herne	14910	38	60-85	130
Hotel Haus Kröner Eschstraße 32 44629 Herne	51945	25	30-35	60-70
Hotel Stork An der Kreuzkirche 5 44623 Herne	50430	21	30	60-80
Hotelgaststätte „Jägerhof" Vinckestraße 1 44623 Herne	50266	15	ab 35	60-70
Recklinghausen Süd	Vorwahl: (02361)			
Hotel Bergedick Hochlarmarkstraße 66 45661 Recklinghausen	62227	50	65-90	130-175

Anschrift	Telefon	BZ	Preis EZ von-bis	Preis DZ von-bis
Kartenblatt 5				
Castrop-Rauxel-Habinghorst	Vorwahl: (02305)			
Haus Gertrud Schwarzer Weg 8 44575 Castrop-Rauxel	83632/ 76622	13	75-90	125-160
Hotel Hubbert Lange Straße 78 44579 Castrop-Rauxel	75051	42	40-50	80-90
Haus Kleinalstede Wartburgstraße 42 44579 Castrop-Rauxel	76184	15	35	70
Waltrop	Vorwahl: (02309)			
Haus der Handweberei Bahnhofstraße 95 45731 Waltrop	96090	40	60-70	110-130
Hotel-Restaurant Kranefoer Hilberstraße 12 45731 Waltrop	2328/ 2416	16	-	120

Anschrift	Telefon	BZ	Preis EZ von-bis	Preis DZ von-bis

Kartenblatt 6

Lünen	Vorwahl: (02306)			
Haus Westermann Dortmunder Straße 236 44536 Lünen	12460	19	48-55	88-98
Stadthotel Dortmunder Straße 10 44536 Lünen	1070	73	85-135	129-179
Am Stadtpark Ringhotel Lünen Kurt-Schumacher-Straße 43 44532 Lünen	20100	120	155	198
Zur Persiluhr Münsterstraße 25 44534 Lünen	61931	38	98-103	135-145
Schloß Schwansbell Schwansbeller Weg 1 44532 Lünen	2810	4	-	170
Wintergarten Münsterstraße 1 44534 Lünen	6065	4	75	120
Drei Linden Lange Straße 71 44532 Lünen	13121	24	50	100
Pension „Am Leezenpatt" Bismarkstraße 23 44532 Lünen	206749	4	-	65

Kartenblatt 7

Bergkamen	Vorwahl: (02307)			
„Haus Heil" Rotherbachstraße 120 59192 Bergk.-Oberaden	(Lünen) 02306-80064	8	-	50
„Haus Rahenbrock" Präsidentenstraße 81 59192 Bergkamen	87224	35	75	120
„Zum Deutschen Eck" Landwehrstraße 20 59192 Bergkamen	60127	28	50	50

Anschrift	Telefon	BZ	Preis EZ von-bis	Preis DZ von-bis
Kartenblatt 8				
Hamm	Vorwahl: (02381)			
Alte Mark Alte Soester Straße 28 59071 Hamm	980560	23	55-90	90-135
Hotel Hammer Brunnen Ostenallee 105 59071 Hamm	89775/ 83356	25	ab 75	ab 100
Hotel Herzog Caldenhofer Weg 22 59065 Hamm	20059/ 20050	49	ab 68	145
Queens Hotel Hamm Neue Bahnhofstraße 3 59065 Hamm	9192-0	273	198	231
Hotel Stadt Hamm Südstraße 9-13 59065 Hamm	29091-2	56	85-150	190-210
Hotel Bayernstuben Nordstraße 3 59065 Hamm	22372	18	35-50	70-90
Hotel Breuer Ostenallee 95 59071 Hamm	84001	19	65	100-150
City-Hotel Schillerstraße 68-72 59065 Hamm	92060-0	38	79	119
Hotel Dietrich Münsterstraße 16 59065 Hamm	34067/ 302070	40	70-90	ab 110
Hotel Glitz Marienstraße 21 59065 Hamm	92013-0	38	ab 85	bis 145

Anschrift	Telefon	BZ	Preis EZ von-bis	Preis DZ von-bis

Kartenblatt 9

Duisburg (Zentrum)	Vorwahl: (0203)			
Steigenberger Duisburger Hof Neckarstraße 2 47051 Duisburg	331021	160	180-260	275-375
novotel Duisburg Landfermannstraße 20 47051 Duisburg	300030	324	169	209
Intercity Hotel Ibis Mercatorstraße 15 47051 Duisburg	300050	146	124	173
Hotel Plaza Düsseldorfer Straße 54 47051 Duisburg	28220	125	149-179	199-249
Hotel Regent Dellplatz 1 47051 Duisburg	295900	95	99-189	129-249
Haus Hammerstein Neue Marktstraße 13 47051 Duisburg	22063	19	99-189	129-249
Hotel Conti Düsseldorfer Straße131-137 47051 Duisburg	287005	70	160-190	193-230
Hotel Stadt Duisburg Düsseldorfer Straße124 47051 Duisburg	287085	60	159-259	193-230
Hotel Rheinischer Hof Mülheimer Straße 119 47058 Duisburg	332446	62	78	120
Hotel Haus Friedrichs Neudorfer Straße 33-35 47057 Duisburg	355737	46	110	155
Hotel Haus Weth Siegstraße 12 47051 Duisburg	335035	39	70	105
Hotel Haus Reinhard Fuldastraße 31 47051 Duisburg	331316	32	130-160	180-240

Anschrift	Telefon	BZ	Preis EZ von-bis	Preis DZ von-bis
Kartenblatt 9 (Forts.)				
Duisburg (Zentrum)	Vorwahl: (0203)			
Hotel Zum Buchenbaum Hohe Straße 14 47051 Duisburg	22847	31	60	100
Zum Alten Fritz Klöcknerstraße 10 47057 Duisburg	355129	27	60-75	140
Hotel Goldener Hahn Hohe Straße 26a 47051 Duisburg	20060	26	60	110
Altdeutsche Gaststätte Mülheimer Straße 65 47058 Duisburg	331942	23	60	100
Haus am Kantpark Gallenkampstraße 6 47051 Duisburg	20411	20	60	100
Hotel Mamma Leone Mercatorstraße 14 47051 Duisburg	21258	18	75	140
Oberhausen (Alstaden/Zentrum)	Vorwahl: (0208)			
Hotel garni im Europahaus Friedensplatz 8 46045 Oberhausen	26847	32	ab 48	ab 86
Hotel zur Mühle Flügelstraße 95-97 46049 Oberhausen	84072	20	ab 65	ab150
Hotel garni Sabic Saarstraße 48 46045 Oberhausen	26721	17	35-38	70-80
Hotel Gasthof Frintrop Mühlenstraße 116 46047 Oberhausen	870975	18	ab42	ab 84

Anschrift	Telefon	BZ	Preis EZ von-bis	Preis DZ von-bis
Kartenblatt 9 (Forts.)				
Oberhausen (Alstaden/Zentrum)	Vorwahl: (0208)			
Hotel-Restaurant Oberhausener Hof Paul-Reusch-Straße 22 46045 Oberhausen	803406	9	39	78
Hotel und Gasthof „Zur Bauernstube" Lothringer Straße 162 46045 Oberhausen	24574	24	ab 55	ab 80
Residenz Oberhausen Appartment-Hotel Hermann-Albertz-Straße 69 46045 Oberhausen	8208-0	129	95-135	140-180
Kartenblatt 10				
Mülheim (Styrum/Dümpten)	Vorwahl: (0208)			
Hotel Raffelberger Hof Akazienallee 19 45478 Mülheim	50201	12	40	80
Gasthof zum Jägermeister Hauskampstraße 17 45476 Mülheim	404506	11	43-60	86-98
Hotel Kuhn Mellinghofer Straße 277 45475 Mülheim	790010	120	98-120	150-180
Hotel-Restaurant Kämpgens Hof Denkhauser Höfe 46 45475 Mülheim	73366	36	80-140	130-160
Hotel Dümptener Hof Mellinghofer Straße 319 45475 Mülheim	996880	30	80	140

Anschrift	Telefon	BZ	Preis EZ von-bis	Preis DZ von-bis

Kartenblatt 10 (Forts.)

Essen (Frintrop/ Borbeck/ Altenessen)	Vorwahl: (0201)			
Hotel Wilhelmshöhe Im Wulve 2 45359 Essen-Frintrop	606404	54	85-120	120-160
Hotel Am Schloßpark Borbecker Straße 180 45355 Essen-Borbeck	675001	22	95-145	150-190
Hotel Astoria Wilhelm-Nieswandt-Allee 175 45236 Essen-Altenessen	343122	100	130-180	170-250
Hotel Böll Altenessener Straße 311 45329 Essen-Altenessen	357535	47	70-130	100-170

Kartenblatt 11

Gelsenkirchen (Altstadt/Neustadt)	Vorwahl: (0209)			
Hotel Ibis Gelsenkirchen Bahnhofsvorplatz 12 45879 Gelsenkirchen	17020	156	119	133
Hotel Haus Engelhardt Claire-Waldorff-Straße 3-5 45886 Gelsenkirchen	24125	23	45	90
Bochum-Wattenscheid	Vorwahl: (02307)			
Beckmannshof Berliner Straße 39 44866 Bochum	3784	24	95	150
Im Kolpinghaus Saarlandstraße 4 44866 Bochum	82380	33	55	100

Anschrift	Telefon	BZ	Preis EZ von-bis	Preis DZ von-bis
Kartenblatt 12				
Bochum	Vorwahl: (0234)			
Bogata Schleipweg 20 44805 Bochum	236364	54	43-58	76-96
Decker Castroper Str. 263 44791 Bochum	592224	22	50	100
Novotel Stadionring 22 44791 Bochum	5064-0	236	184	223
Wiesmann Castroper Straße 191 44791 Bochum	591065	30	45-75	90-125
Herne-Eickel	Vorwahl: (02325)			
Restaurant/Hotel „Meistertrunk" Richard-Wagner-Straße 2 44651 Herne	60808	6	-	98
Castrop-Rauxel	Vorwahl: (02305)			
Daum Bochumer Straße 266 44575 Castrop-Rauxel	22992	40	60-70	85-100

Anschrift	Telefon	BZ	Preis EZ von-bis	Preis DZ von-bis
Kartenblatt 13				
Dortmund-	Vorwahl: (0231)			
Bövinghausen				
Akzent Hotel Commerz Provinzialstraße 396 44388 Dortmund	692253-55	89	100	160
Lütgendortmund				
Hotel Haus Kersten Westricher Straße 3 44388 Dortmund	632530	57	80	100-120
Hotel Specht Limbecker Straße 29 44388 Dortmund	633007	26	50-60	100
Etap-Hotel Provinzialstraße 92 44388 Dortmund	604071	79	60	70
Kirchlinde				
Hotel Schützenhof Kirchlinder Straße 21 44379 Dortmund	671368	20	45	80
Marten				
Hotel-Restaurant Bockhalle Steinhammerstraße 135 44379 Dortmund	61150	27	65	120
Huckarde				
Gasthof Stoffel Rahmerstraße 100 44369 Dortmund	391946	16	60	80-90

Anschrift	Telefon	BZ	Preis EZ von-bis	Preis DZ von-bis
Kartenblatt 14 und 15				
Dortmund-	Vorwahl. (0231)			
Brechten				
Onkel Walter Rauher Dorn 27 44339 Dortmund	800821	11	60	120
Eving				
Hotel-Restaurant „Grüne Tanne" Bayrischestraße 173 44339 Dortmund	852408	13	50	100
Kamen	Vorwahl: (02307)			
Hotel „Stadt Kamen" Markt 11 59174 Kamen	7702/03	50	109-120	180
Hotel „Gasthaus Kautz" Ängelholmer Straße 16 59174 Kamen	18015	30	85	150
Hotel „Wappen von Kamen" Am Geist 3-4 59174 Kamen	9790	29	109	145-165
Gasthof Rieder Markt 6 59174 Kamen	73084	22	35-39	62-70
Sporthotel Am Schwimmbad 8 59174 Kamen	74427	18	60	100
Gästehaus der Stadt Kamen Am Schwimmbad 6 59174 Kamen	148182	42	35-40	70-80

Jugendherbergen und Gästehäuser im Bereich des Emscher Park Radweges

Die Zahl der Jugendherbergen im Ruhrgebiet ist sehr begrenzt. Unmittelbar am Emscher Park Radweg finden sich leider keine speziellen Unterkünfte für Jugendliche und Gruppen. In der folgenden Liste sind daher auch solche Jugendherbergen aufgeführt, die in einer größeren Entfernung vom Emscher Park Radweg liegen (bis zu 30 Minuten Fahrzeit mit dem Rad).

Hinweis: Jugendherbergsausweis unbedingt erforderlich!

DJH Duisburg
Kalkweg 148 E
47279 Duisburg
Tel (0203) 72 41 64
Fax (0203) 72 08 34

DJH Mülheim
Mendener Straße 3
45470 Mülheim an der Ruhr
Tel (0208) 38 21 91

DJH Cappenberger See
Richard-Schirrmann-Weg 7
44534 Lünen
Tel (02306) 5 35 46
Fax (02306) 73000

Sportgästehaus Herne-Sodingen
Auf dem Stennert 9
44627 Herne
Tel (02323) 16-4202

Jugendgästehaus Hamm
„Sylverberg"
Ostenallee 101
59071 Hamm
Tel (02381) 8 38 37

Fahrradverleih im Bereich des Emscher Park Radweges

- Landschaftspark Duisburg Nord
  täglich 10-17 Uhr

  Ausleihe bei:
  Ambulanter Hilfsdienst Behinderter
  Emscherstraße 71
  47137 Duisburg
  in der „Alten Verwaltung"

- ADFC-Fahrradstation Dortmund
  Mittwoch - Sonntag und Feiertag 10-18 Uhr

  Hausmannstraße 22/Ecke Saarlandstraße
  44139 Dortmund
  Tel (0231) 13 66 85

- AWO-Fahrradstationen in Lünen:

  Lünen Hauptbahnhof
  Bahnhofsvorplatz
  Tel (02306) 7 23 93

  Hertie-Parkhaus
  Marktstraße 1
  Tel (02306) 25 84 33

  Preußen-Bahnhof
  Preußenstraße
  Tel (02306) 4 68 30

Der Kommunalverband Ruhrgebiet,

Deutschlands ältester regionaler Kommunalverband, wurde 1920 als „Siedlungsverband Ruhrkohlenbezirk" gegründet, um Aufgaben und Tätigkeiten für die Region übergreifend und überkommunal wahrnehmen zu können. Es galt, ein Instrument zu schaffen, um gemeinsame Probleme zu bewältigen, damals vornehmlich den Planungsnotstand des rasant wachsenden Reviers sowie damit einhergehende Umweltzerstörungen. Mit dem Gesetz über den Kommunalverband Ruhrgebiet wurde 1979 sein Aufgabenspektrum aktualisiert und neu fixiert. Im Kommunalverband Ruhrgebiet sind die elf kreisfreien Städte Bochum, Bottrop, Dortmund, Duisburg, Essen, Gelsenkirchen, Hagen, Herne, Mülheim an der Ruhr und Oberhausen zusammengeschlossen sowie die vier Kreise Ennepe-Ruhr, Recklinghausen, Unna und Wesel. Der Raum umfaßt das 4.434 Quadratkilometer große Ruhrgebiet mit seinen rund 5,5 Millionen Einwohnern, eines der größten Europäischen Wirtschaftszentren.

Aufgaben und Tätigkeiten

Sicherung von Grün-, Wasser-, Wald- und ähnlicher von der Bebauung freizuhaltender Flächen mit überörtlicher Bedeutung für die Erholung und zur Erhaltung eines ausgewogenen Naturhaushaltes - Entwicklung, Pflege und Erschließung der Landschaft, Behebung und Ausgleich von Schäden an Landschaftsstellen - Verbandsgrünflächen - Errichtung und Betrieb von öffentlichen Freizeitanlagen mit überörtlicher Bedeutung - Öffentlichkeitsarbeit für das Ruhrgebiet - Planerische Dienstleistungen in den Bereichen Landschaftsplanung, Stadtentwicklung und Verkehrsplanung, - Vermessungs- und Liegenschaftswesen, Kartographie, Stadtplanwerk Ruhrgebiet, Luftbildauswertung und Stadtklimatologie - Fachliche und organisatorische Dienstleistungen für die kommunalen Verwaltungen: Erarbeitung und Aufarbeitung von Grundlagendaten über die Region - Fachliche Beratung in den Bereichen Landschaftspflege, Forstwirtschaft, Freizeitwesen - Behandlung, Ablagerung von Abfällen und Vorhalten entsprechender Anlagen.

Mehr Informationen über das Ruhrgebiet

Der Kommunalverband Ruhrgebiet hält ein umfangreiches Paket von Informationen bereit: über Wirtschaft, Sport, Kultur, Verkehr, Bildung u.v.m. Einen monatlichen ausführlichen Überblick aller Kulturveranstaltungen der Region bietet der „Kulturkalender Ruhrgebiet". Ein Probeexemplar ist erhältlich beim Kommunalverband Ruhrgebiet, Kronprinzenstr. 35, 45128 Essen (Tel. 0201/2069-227).

Die internationale Bauausstellung Emscher Park und der Emscher Landschaftspark

Strategien zur Erneuerung alter Industrieregionen werden intensiv in Ländern West- und Osteuropas, den Vereinigten Staaten und Japan diskutiert. In der Bundesrepublik ist die zentrale Alt-Industrieregion das Ruhrgebiet und hier wiederum von besonderer Bedeutung die Emscher-Region mit etwa 2 Millionen Einwohnern, 17 Städten und rund 800 qkm Größe. Hauptaufgabe ihrer Erneuerung ist die Beseitigung städtebaulicher und ökologischer Defizite als Grundlage für eine neue ökonomische Entwicklung.

Mit dem in der deutschen Baugeschichte eingeführten Instrument der „Bauausstellung" soll diese Aufgabe fachlich und politisch thematisiert werden. Die Landesregierung Nordrhein-Westfalen hat daher eine Internationale Bauausstellung mit einer zehnjährigen Laufzeit beschlossen, in deren Rahmen Gemeinden, Unternehmen, Bürger und Land derzeit an über 80 Projekten in fünf zentralen Arbeitsbereichen tätig sind:
- bei der ökologischen Umgestaltung von 350 Kilometer Emscher-System,
- der Modernisierung von Arbeitersiedlungen und dem Bau neuer Wohnungen,
- der Entwicklung von Brachflächen unter dem Motto „Arbeiten im Park",
- dem Erhalt und der Umnutzung von Industriedenkmälern als Zeugen der Geschichte und
- der Freihaltung und Rückgewinnung von Landschaft im Rahmen des regionalen Projektes Emscher Landschaftspark.

Der Emscher Landschaftspark:
Ein Leitprojekt der Internationalen Bauausstellung

Der Emscher Landschaftspark ist als städteübergreifendes, verbindendes Projekt Hauptaufgabenfeld des Kommunalverbandes Ruhrgebiet (KVR) innerhalb der Internationalen Bauausstellung. Er knüpft damit an die Tradition der bereits in den 20er Jahren vom Siedlungsverband Ruhrkohlenbezirk entwickelten Regionalen Grünzüge an.

Der KVR ist aktiv bei Planung und Umsetzung des Emscher Landschaftsparks auf den Ebenen Leitplanung (regionale Ebene), der Rahmenplanung für den Regionalen Grünzug D, der Konkretisierung und Umsetzung von Modellvorhaben in jedem der Regionalen Grünzüge, als verbindender Infrastruktur dem Emscher Park Radweg sowie der Konkretisierung weiterer wichtiger Einzelprojekte und Maßnahmen im Rahmen des Ökologieprogramms im Emscher-Lippe-Raum.

Informationen zur IBA Emscher Park sind erhältlich bei der Internationalen Bauausstellung Emscher Park GmbH, Leithestr. 35, 45886 Gelsenkirchen (Tel. 02 09/17 03-0),

Der Allgemeine Deutsche Fahrrad-Club (ADFC)

- ist ein Verein für Alltags- und Freizeitradler/innen
- vertritt die Interessen von Fahrradbenutzer/innen /n aller Altersgruppen und berücksichtigt auch die anderen nichtmotorisierten Verkehrsteilnehmer/innen
- setzt sich für die Förderung des Fahrradfahrens und die Verkehrssicherheit ein
- unterstützt nach besten Kräften Fahrradfahrer/innen - und solche, die es werden wollen - moralisch, praktisch, technisch, öffentlich und individuell

Vorteile für Mitglieder
- Sie unterstützen die Arbeit des ADFC für einen menschengerechten und umweltfreundlichen Verkehr
- ADFC-Mitglieder sind als Radfahrer, Fußgänger und Benutzer öffentlicher Verkehrsmittel (als Privatperson) haftpflicht- und rechtsschutzversichert.
- Kostenloser Bezug der Zeitschrift „aktiv Radfahren".
- Umfangreiches Angebot interessanter Radreisen zu günstigen Konditionen.
- Kostenlose oder preisgünstige Teilnahme an Veranstaltungen wie Radtouren, Diavorträgen, Seminaren und Reparaturkursen des ADFC.

Der ADFC informiert und berät zu vielen verschiedenen Themen mit Informationebroschüren und Faltblättern, die in den ADFC-Geschäftsstellen und Info-Läden erhältlich sind oder gegen 2,- DM in Briefmarken beim

ADFC
Landesverband NRW
Birkenstraße 48
40233 Düsseldorf

Gute Karten für mobile Leute:
Die Radwanderkarten des Kommunalverbandes Ruhrgebiet.

Neben der vorliegenden gibt es für Radtouren im Ruhrgebiet ein umfangreiches Radwanderkarten-Angebot, das keine Wünsche offen läßt:

Flächendeckend für die Region Ruhrgebiet ist die Serie von Radwanderkarten im Maßstab 1:50 000, die der KVR seit Jahren herausgibt. Durch die Spiralbindung passen die Karten bequem in einen Kartenhalter und sind wettergeschützt. Die ausgereiften kartographischen Darstellungen und Strecken mit zusätzlichen Tips zu Sehenswürdigkeiten, nützlichen Hinweisen wie Öffnungszeiten oder Rufnummern auf den Rückseiten der Karten weisen dem Radwanderer mehr als den rechten Weg - sie zeigen die attraktive Erlebnislandschaft Ruhrgebiet von ihrer besten Seite. Die Karten werden regelmäßig in Zusammenarbeit mit den Städten und Kreisen des Ruhrgebiets und dem Allgemeinen Deutschen Fahrrad-Club (ADFC) aktualisiert.

Radwanderkarte Ennepe-Ruhr-Kreis/Hagen
DM 14,80

Radwanderkarte Kreis Wesel
DM 14,80

Radwanderkarte Kreis Recklinghausen
DM 11,80

Radwanderkarte Kreis Unna/Hamm
DM 14,80

Radwanderkarte Kernzone West
(Bottrop, Gelsenkirchen, Duisburg,
Oberhausen, Mülheim an der Ruhr)
DM 11,80

Radwanderkarte Kernzone Ost
(Herne, Bochum, Dortmund)
DM 11,80

Rundkurs im Ruhrgebiet - Radtour Ruhr
(Rundkurs von 300 km)
DM 19,80

Die Karten sind erhältlich im Buchhandel, beim ADFC oder direkt bei:

Kommunalverband Ruhrgebiet
Abt. Karten- und Luftbildwesen
Kronprinzenstr. 35
45128 Essen
Tel: 0201/2069-275

Bildnachweis
Berger Titel
Brenner S.18, 33, 67
Budde S.19, 22, 31, 37, 39, 40, 51, 57, 58, 63, 65, 68, 70, 74
Daubhäußer S.21
Ehrich S.27, 59, 64
Heckmann S.61
IBA Emscher Park, S.24, 30
Kilian S.15, 55
Kommunalverband Ruhrgebiet S.42, 49
Liedtke S.17, 25, 32, 44, 71, 72
Schumacher S.26
Stadtbildstelle Essen S.53
Vollmer S.36, 41
Ziese S.60

ATLAS

Karte + Luftbild

Auf der Kartengrundlage des Stadtplanwerkes Ruhrgebiet, einer Gemeinschaftsarbeit aller Kommunen dieser Region, ist ein neuer Atlastyp entwickelt worden. Das Gesamt-Kartenwerk von 126 Rahmenkarten wurde hierzu in vier Teilgebiete, ca. 30-40 Einzelkarten umfassend, aufgeteilt.

Die Attraktivität, und das ist das Neue, besteht in der Ergänzung durch farbige Luftbilder, d. h. jeder Karte steht ein farbiges Luftbild im gleichen Maßstab und Blattschnitt gegenüber. Der Betrachter hat somit die Möglichkeit, neben der abstrakten, generalisierten Beschreibung der Erdoberfläche, die Wirklichkeit aus der Vogelperspektive zu erfassen.

Die ersten beiden Teilatlanten „Nördliches Ruhrgebiet" (Kreis Recklinghausen, Bottrop, Gelsenkirchen, Herne) und „Östliches Ruhrgebiet" (Ennepe-Ruhr-Kreis, Hagen, Kreis Unna, Dortmund) sind 1993 bzw. 1994 erschienen, allerdings inzwischen vergriffen. Eine Neuauflage ist für 1997/1998 geplant.

Der dritte Teilatlas „Mittleres Ruhrgebiet" (Duisburg, Oberhausen, Mülheim an der Ruhr, Bottrop, Oberhausen, Essen, Gelsenkirchen, Herne, Bochum, Dortmund) ist im November 1995 der Öffentlichkeit vorgestellt worden.

Den Abschluß der Gesamtedition bildet die Herausgabe des „Westlichen Ruhrgebietes" im 4. Quartal 1996.

Alle Teilatlanten sind mit einer regionalen Übersichtskarte Maßstab 1 : 250 000 sowie einem kompletten Straßenverzeichnis ausgestattet.

Zu beziehen sind diese Produkte über den Kommunalverband Ruhrgebiet, Essen, unter den Rufnummern 0201/2069 278 und 275. Der einzelne Kartenband kostet DM 29,50 (zuzüglich DM 7,- Porto und Verpackung) und ist ausschließlich gegen Übersendung eines Verrechnungsschecks erhältlich.

Herausgegeben vom
Kommunalverband Ruhrgebiet
Maßstab 1 : 20 000

Bemerkungen: